スッキリ分かる！

シン・生前贈与のすべて

一般社団法人 相続診断協会／編

贈与税制の大改正と今後の財産移転戦略

　令和5年度税制改正により、生前贈与税制が大きく見直されました。見直しのポイントは大きく2つに分かれ、①暦年課税贈与制度について、相続財産への加算期間が3年から7年へ延長、②相続時精算課税制度について、2,500万円の特別控除枠とは別に、毎年110万円までは課税しないルールを創設、となっています。

　これにより令和6年以降は、必然的に暦年贈与は減少し、相続時精算課税贈与が増加すると見込まれますが、この改正を契機として、さらに有利な生前贈与対策、相続対策、事業承継対策など、新時代の財産移転戦略の実行につなげたいところです。

　そこでここでは、令和5年度税制改正における贈与税制の改正と基本的な実務ポイント、注意点等について税理士、弁護士、終活カウンセラー等のプロフェッショナルが解説します。

ココが変わる！
新しい生前贈与税制のポイント

■令和５年度税制改正で変わった生前贈与税制

　生前贈与をした場合の税制には、「暦年課税」と「相続時精算課税」の２つがあります。
　暦年課税とはその名のとおり、その年にどれほどの贈与があったかを１年単位でカウントする制度です。年間110万円までの「基礎控除額」が設けられていますので、例えば200万円を贈与すれば、[200万円－110万円]で90万円に対して贈与税がかかります。また、贈与をした人が亡くなった場合、亡くなる前の３年間に行われた贈与については、贈与ではなく相続により取得したものとして相続財産に取り込まれ、相続税の対象として再計算されます。
　一方で相続時精算課税とは、暦年課税のように１年単位で区切ることはせず、贈与をした人が亡くなった時に、これまで贈与をした財産の総額を相続財産に取り込むこととなっています。ただし、贈与時には2,500万円までの「特別控除額」を使うことができ、2,500万円を超える贈与については一律20%の贈与税がかかります。
　これまでは、このような暦年課税、相続時精算課税それぞれの特性を活用して、どちらか有利な方を選択して生前贈与が行われてきました。
　ところが、平成30年くらいから、高齢化の進展により次世代への資産移転が年々遅くなる「老々相続」の増加が社会問題化する中で、税制においても「資産移転の時期の選択に中立的な税制の構築」が課題として取り上げられました。政権与党の「税制改正大綱」では、令和元年度～４年度まで４年連続で検討事項に掲げられ、ついに令和５年度税制改正で、暦年課税と相続時精算課税の改正が実現したのです。

■改正のポイントは主に４つ

　改正のポイントは、暦年課税で２つ、相続時精算課税で２つの、合計４つとなります。

暦 年 課 税

① 亡くなる前の「３年間」に相続財産に加算されていた贈与の対象期間が、「７年間」に延長された

② ①により延長された４年間については、相続財産に加算する額から100万円を対象外とすることとされた

相続時精算課税

③ 2,500万円の特別控除額とは別に、年間110万円までの基礎控除額も控除できることとなった

④ 贈与された財産が災害により被災した場合、その評価額を再計算することとされた

暦年課税

① 相続税加算対象期間の７年間への延長

　相続又は遺贈により財産を取得した人が、その相続開始前７年以内（改正前：３年以内）に被相続人から贈与により取得した財産がある場合には、その財産の贈与時の価額を相続財産に加算します。

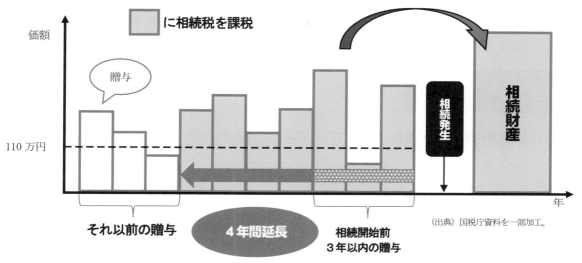

（出典）国税庁資料を一部加工。

② 相続税に加算する財産から100万円を対象外に

　上記①により相続税加算対象期間が４年間延長されたことに伴い、延長された４年間に贈与により取得した財産の価額については、総額100万円まで加算の対象としません。

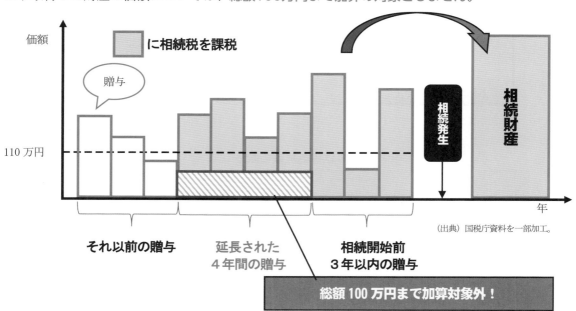

（出典）国税庁資料を一部加工。

①と②の改正は、令和6年1月1日以後に贈与により取得する財産に係る相続税について適用されます。贈与の時期と加算対象期間については、下記の表のとおりとなっています。

贈与の時期		加算対象期間
～令和5年12月31日		相続開始前3年間
令和6年1月1日～	贈与者の相続開始日	
	令和6年1月1日～令和8年12月31日	相続開始前3年間
	令和9年1月1日～令和12年12月31日	令和6年1月1日～相続開始日
	令和13年1月1日～	相続開始前7年間

（出典）国税庁資料

相続時精算課税

③　相続時精算課税についての基礎控除の創設

相続時精算課税を選択した受贈者（贈与年の1月1日時点で18歳以上で、贈与者の子・孫）が、贈与者（同日時点で60歳以上）から令和6年1月1日以後に贈与により取得した財産に係るその年分の贈与税については、贈与税の課税価格から基礎控除額110万円が控除されます。

もちろん、控除された110万円は、相続発生時に相続税に加算される価額にも含まれません。

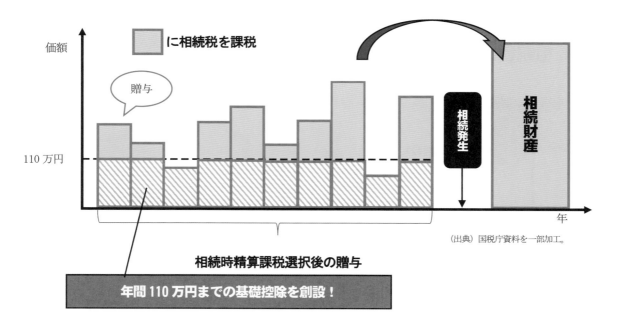

（出典）国税庁資料を一部加工。

事　例
・法定相続人は配偶者1人、子2人（長男、長女）
・相続時精算課税により3,000万円を長男に贈与
・相続発生時の相続財産は1,800万円

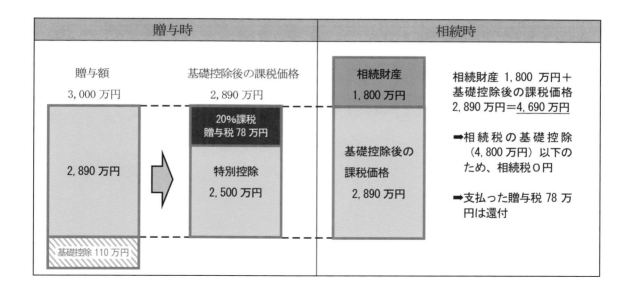

④ 相続時精算課税による受贈財産が被災した場合

　相続時精算課税により土地・建物の贈与を受けたものの、その受贈財産が令和6年1月1日以後に災害等により一定の被害を受けた場合、その相続税の課税価格への加算の基礎となる土地・建物の価額は、贈与時の価額から、その災害による被災価額を控除した残額とすることができることになりました。

　なお、「災害」とは、震災、風水害、冷害、雪害、干害、落雷、噴火その他の自然現象の異変による災害及び火災、鉱害、火薬類の爆発その他の人為による異常な災害並びに害虫、害獣その他の生物による異常な災害をいいます。

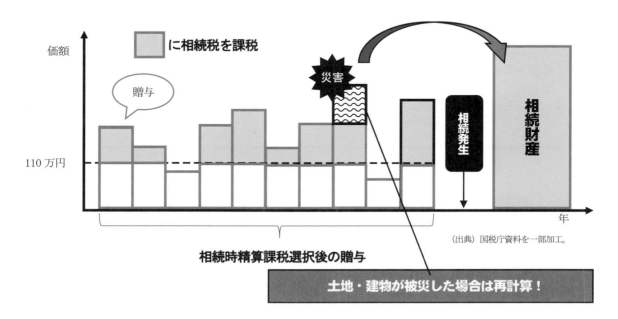

（出典）国税庁資料を一部加工。

相続・贈与の現場の声を聞く
【実務編】

税理士　本郷　尚

「事件は、会議室で起きているんじゃない。現場で起きているんだ！」

ドラマ『踊る大捜査線』で、主役を演じた織田裕二さんの名ゼリフです。この言葉は仕事についてもあてはまります。相続、贈与の仕事の原点になります。答えはパソコンの中、専門家の知識、頭の中にあるのではありません。専門家がもっともらしい顔で提案書を提出しても、お客様は「なるほど！」と納得するわけではありません。「考えておきます」とその場限りの言葉だけで、答えは先送りされます。なぜでしょうか？

専門家の知識は、一部の知識でしかありません。弁護士は法律、税理士は税法、銀行は金融、不動産、建設はその道の専門でしかありません。そして、お客様・その家族のことは何も知りません。専門家は自分が選んだ領域の仕事のプロです。専門家は専門分野だけしか知りません。

お客様は、何も言えず、また言わない人が多いです。「自分はこう思う、こうしたい、これはしたくない、その理由は……」と、自分の意思をはっきり示す人はほとんどいません。だから、お客様が何を悩み、苦しみ、迷うのかを理解し、共感し、寄り添うことが必要です。そのためには時間をかけます。現場でお客様と触れ合わなければ何もわかりません。ゆえにお客様の中に飛び込んで、お客様を理解するのです。

夫婦であれば、夫婦の会話から本音が出てきます。１回、２回、３回、何度も繰り返し会話を繰り返していくうちに、お客様が自ら

本郷　尚（ほんごう　たかし）
税理士法人タクトコンサルティング　税理士
株式会社タクトコンサルティング　顧問

不動産活用・相続・贈与・譲渡など資産税に特化したコンサルティングを展開。また、著書やセミナー等のあらゆる機会を通じて、相続対策の新しい考え方の普及にも力を入れている。
主な著書：『ポイントがよくわかるマンガ都市型定期借地権（70年）のススメ』（住宅新報出版）、『女は４つの顔で相続する』（白揚社）、『笑う税金』（言視舎）、『「継ぐ」より「分ける」相続』（文芸社）、他多数。

本音を出してくるかもしれません。面談数回後、帰り際に、「今日はよい話を聞きました。助かりました。よかった。ほっとしました。よろしくお願いします」という言葉をいただくことがあります。

こちらからの提案はほとんどしていません。お客様は自分で自分の答えを出してきてくれました。いや、仮に答えを出さなくても構いません。気持ちが落ち着いてきたのでしょう。人間関係が信頼関係につながってきたのです。焦る必要はありません。お客様に寄り添って、悩み、苦しみに応えていけばよいのです。答えるのではなく、応えていきます。

いつか必ずドラマは動き出します。そして、応えは答えとして結果が出ます。そうです。事件は現場で起きて、お客様が答えを出すからです。「人は頭で考え、心で動きます」。

では、現場のドラマをいくつか紹介します。

【第1話】
奥様を守る、ご主人の相続対策

「ご主人から奥様へ財産を相続」させた遺言書を紹介します。

ご主人80歳、奥様72歳、お子様2人、財産総額5億円です。相続税対策を考えれば、一次相続では、お子様へある程度の財産を相続させておくことがよいのではないかと、私は税理士として提案しようと考えていました。または「生前贈与を計画的に」と考えました。

しかし、現実は、その思惑・考えは、ご主人の「家族への思い、奥様への愛情」の前に吹き飛んでしまいました。以下、紹介します。

⑴　全財産を妻に相続させる

ご主人：「すべての財産を妻に相続させる。それでいいのだ！」

私：「ええ!?　自宅1億円、預金とアパートで4億円、合計5億円全部ですか？」

ご主人：「いいのだ。全部妻に相続させる。遺言書にそう書く。その理由も書いておく！」

私は、相続税のことを考えれば、ご主人（80歳）の相続で息子と娘も法定相続分までとは言いませんが、ある程度は相続させたほうがいいのではと考えていました。二次相続（妻の相続）まで考えれば、5億円の財産を分割して相続できれば〝節税〟になる。税理士としては当然と思っていました。

ところがご主人は全部妻に相続させると考え、そのとおり遺言しました。

なぜでしょうか？

⑵　妻の老後の生活保障と立場の確保

ご主人が全財産を妻に相続させるとした理由は、以下のとおり明快でした。

① 妻の老後の生活保障

「妻は70代です。老後の生活保障をしてやらなければいけません。妻は元気です。90歳、いや100歳まで生きるかもしれません。それにはお金が必要です。私の金融資産は妻が相続して当然です。お金の少ない老後は心配です。子どもの世話にはなれません。老人ホームでの生活にはお金がかかります。5億円あると言っても税引き後は減額されます。妻の生存対策が大事です」。

② 妻の立場の確保

「妻が家と金融資産を持っていることが大事です。その中から妻が子どもたちに『お裾分け』するように、少し分配するのはいい、

遺言書どおりでなくても、妻の意思で少し分けてもいい、相続後にゆっくり贈与していくのもいい。そうすれば、妻の立場は確保される。子どもたちから大事にされるはずです」。

ご主人はこう言い切りました。

③　夫婦の財産

「夫婦で築いてきた財産です。私が亡くなったら妻が全部相続するのが当然です。子どもは夫婦の財産形成に何の貢献もしていません。子どもは育てられ、家の資金も出してやりました。財産分けについて口は出させません。子どもは、妻から相続すればいいのです。私から遺言書で伝えておきます」。

(3)　子より妻の立場が大事

ご主人から話を聞いた私は、頭を"ガーン"と殴られたような気がしました。相続に対する考え方を根本的に見直すようになりました。ご主人から相続で「何が大事か」を教えられました。ご主人は自分が亡くなった後の「奥様の老後の生活保障と奥様の立場」を考えていたのです。子どもへの財産承継や節税はほとんど頭の中にはありませんでした。

今まで私は、相続対策＝相続税の節税、財産の承継だったのです。私の目線は相続人＝子どもであり、奥様への目線ではありませんでした。

ご主人が心配し、大事に、大切に思っていたことは「奥様の老後の生活の安定」だった

のです。お客様の願い、気持ちが何もわかっていない、申し訳ない気持ちになってしまいました。

(4)　相続の結果は……

遺言書を書いた3年後にご主人は亡くなりました。遺言書どおりだと、奥様に全財産が相続されることになりますが、ご主人の遺志を皆が理解したうえで、奥様が息子と娘に1,000万円ずつ「お裾分け」として譲るということで、遺言書で示されたご主人の考えがベースとなった遺産分割協議書がまとまりました。そして相続後、奥様は息子と娘の家族に毎年一定の金額を贈与して、生命保険に加入させています。特に孫への資金贈与は無駄使いさせないための配慮からです。

今では、子ども夫婦と孫夫婦が、毎月、奥様の自宅に、感謝の気持ちで遊びに来てくれます。

子どもは還暦を迎える年になっていますが、いまだにお小遣いが渡されています。

【第2話】
遺言書を書いてくれないご主人、奥様はどうしたか

奥様の相続後の生活を守るという、ご主人の愛情あふれる遺言書の話を聞いた別の奥様（田中さん、仮称）80歳は、居ても立ってもいられない気持ちになりました。

田中さんのご主人（88歳）は頑固で、わがままで、真面目です。人付き合いが苦手で、近所付き合い、親戚付き合い、すべて奥様任せです。お子様は3人で、息子2人、娘1人です。それぞれ独立して孫が合計6人います。

(1)　遺言書を書いてくれないご主人

田中さんが焦っているのは、ご主人が遺言書を書いてくれないからです。

田中さんのご主人と奥様の話し合いは以下のように、いつもすれ違います。

① 我が家は遺言を書くほどの財産はない。
（家一軒、金融資産等　合計3億円）
② 家族はみんな仲がよい、揉めることはない。（相続が起こればわからない）
③ 自分は面倒なことが嫌いだ。（あなたがやらずして、誰がやるの？）

　最近では、ご主人は遺言の話になると、「この話はやめとく。やめた！　やめた！」と、怒りだしてしまいます。こんな大事な話を放り出されたら、困るのは奥様です。何とかしてほしいと、藁をもつかむ気持ちでいました。

　人の話を聞かない頑固なご主人、梃子でも動きません。

(2)　なぜ、遺言書を書かないのか？

　ご主人はなぜ遺言書を書こうとしないのでしょうか？　奥様からじっくり話を聞き、奥様の発言から、思いつくまま書き出してみました。
① 面倒くさい
② 自分で決められない、決めたくない
③ 書いたら子どもがどう思うか
④ 公証人役場に行きたくない
⑤ 立ち会い人に知られたくない
⑥ 費用がかかる、もったいない

　以上から、ご主人に無理矢理、公正証書の遺言書を作成させるのは難しいことがわかりました。もちろん、自筆遺言書も困難です。

そこで、奥様と相談して、「死因贈与契約書」の作成を提案しました。

(3)　死因贈与契約書の作成へ

奥様：「死因贈与契約書……何ですか？　難しそうで、主人が聞いたらびっくりして怒られてしまいそうですが……」
私：「心配しなくて大丈夫です。簡単ですから」
奥様：「簡単？」
私：「手間はなし、費用も掛かりません」
奥様：「本当ですか？」
私：「本当です。奥さんの気持ち次第です」
奥様：「私の気持ちですか？」

　そこで、私は奥様に、死因贈与契約の流れを説明しました。書式は次のとおりです。

死因贈与契約書

　私は、下記の財産を、私が亡くなったらBに贈与する。Bはこれを受諾した。
　死因贈与の執行者を司法書士Xに指定する。

令和●年●月●日

贈与者A

受贈者B

私：「贈与者はご主人です。受贈者は奥様です。お二人は、署名押印（実印）するだけ。契約書は事前に専門家が作成します。
　下記の財産、ご自宅と金融機関の預金、その他の財産すべてを、ご主人が亡くなったら奥様に贈与します。贈与手続きは司法書士X氏に依頼します。
　ご主人は名前を署名するだけです。それから実印を押印します。そして、印鑑証明書を添付します。受贈者の奥様も署名押印します。ご主人と奥様との贈与契約です。これで完了です。

公証人役場に行くこともなく、公証人、立ち合い2名は不要です。費用はほとんどかかりません。相続が起きたら、司法書士が手続きをします。お子様の印鑑は不要です」

⑷ 奥様はご主人に「最後のお願い」をした

奥様：「そんな簡単に契約書ができるのですか？ 主人が、『わかった。サインしよう』と言うでしょうか？ 結局、先送りしてしまうような気がしますが……」

私：「奥様の気持ちと熱意が伝わるかどうかです。ご主人の手間はありません。
ご主人が気にされている"お子様がどう思うか"は、奥様が相続後に処理します。お子様にそれなりの金額を配ります。私たちもお手伝いします。いくら残っているかわかりませんから……答えを用意しておいてください。ご主人と議論はしないよう穏やかに話してください」

奥様：「大丈夫かしら？」

私：「大丈夫です。『税理士と司法書士の先生に相談しました。私が相続すると税金はゼロで済む』と説明してください。『登記費用も司法書士の先生が上手にやってくれると言われました』と答えてください」

そうして、専門家と事前の打ち合わせを十分して、奥様は、ご主人に死因贈与契約書作成をお願いしました。

⑸ いざ契約書をお願いしてみると

奥様はご主人に、死因贈与契約書をお願いしました。

奥様：「あなたが遺言書を作成するのを面倒だと言っていたので、税理士さんと司法書士さんに相談しました。二人の先生から、死因贈与契約書があれば簡単に手続きができる、ご主人が亡くなったら奥様へ贈与するという贈与契約を結んでおけばそれでよい、と言われました」

ご主人：「死因贈与契約？ それは何だ？」

そこで、奥様が契約書を出して、ご主人に説明をしました。

ご主人は、契約書を読み終えて、奥様に言いました。

ご主人：「これは遺言書と同じだな。俺がお前に財産を譲るということだな」

奥様：「そうです。お願いします」

ご主人：「わかった。名前だけ書けばいいのだな」

奥様：「ありがとうございます」

ご主人：「子どもとのことはお前が何とかしろよ」

奥様：「はい、わかりました」

このように、契約書のお願いは、意外とあっさりと終わってしまいました。

88歳のご主人、80歳の奥様に、「老いては妻に従いました」とのこと。

80歳の奥様、88歳のご主人を、「老いては夫を従えました」とのことでした。

⑹ 相続を迎えて死因贈与契約は

2年後、ご主人は90歳で亡くなりました。相続を迎え、この死因贈与契約書を基にして奥様と子ども3人が分割協議書を作成しました。

・自宅と金融資産のほとんどを、死因贈与契約に基づいて奥様が相続

・子どもたちは各人1,000万円を相続

・わずかな相続税は奥様が負担

相続後、奥様は子ども3人に、少額ですが贈与し続けています。奥様は、家族の中で中心的存在になっていました。

ポイントは、司法書士がご主人の生前に言っていた「死因贈与契約による登記はしない。不動産取得税、登録免許税の税負担が大き過ぎるから」ということでした。分割協議書による相続登記であれば、費用負担は軽微で済みました。

奥様は、配偶者税額軽減の範囲内で済んで相続税はゼロでした。

⑺　奥様が子ども3人への贈与をスタートした

相続時、子どもたち3人に各人1,000万円を相続させた後、奥様は子ども3人にゆっくり贈与をスタートさせました。

ご主人から生命保険金、預金等合計で金融資産1億5,000万円はありました。さらに、

奥様には実家の親から相続した預金が相当あります。この金額は、誰も知りません。亡くなったご主人も知りません。もちろん、相談を受けた税理士も知りませんし、知る必要もありません。ご主人を亡くされた奥様は「一人で生きていきます」、誰にも頼れません。しっかり、がっちりと預金を確保します。

お子さんから、「母の相続対策を考えてはどうか……」と言われても、奥様は自分の預金を明かすことは絶対にしません。奥様には「女の守秘義務」があります。そんななか、83歳で、子ども3人に毎年100万円贈与をしています。息子のお嫁さんには伝えていますが、娘のお婿さんには伝えません。

奥様の贈与作戦は相続税の節税対策ではありません。家族対策でした。ゆっくり、少しずつ、お金を大事にしてくださいという思いを込めていました。

相続税節税策としての暦年贈与の活用

税理士 小川 実

1 贈与税の基礎控除

(1) 贈与税の基礎控除

　未だに相続税法における基礎控除は、60万円ということをご存知でしょうか？

　相続税法21条の5には、「贈与税については、課税価格から60万円を控除する」とあります。

　「えっ？　110万円じゃないの？」と思われた方もたくさんいらっしゃると思いますが、相続税法に定められている贈与税の基礎控除は60万円のままなのです。

　ちなみに、贈与税法という法律はなく、相続税法の中に贈与税について定められています。

(2) 贈与税の基礎控除の特例

　では、なぜ110万円と思われている方が多いのかというと、「平成13年1月1日以後に贈与により財産を取得した者に係る贈与税については、相続税法第21条の5にかかわらず、課税価格から110万円を控除する」（租税特別措置法70条の2の4）と、租税特別措置法に定められているからです。

　平成12年7月の政府税制調査会の中期答申において、贈与税については、「高齢化の進展により被相続人・相続人双方の年齢が上昇する中で、今後、特に親子間において、相続の機会を待つことなく財産を移転させる必要性が高まっていくのではないか、また，高齢者層に資産が偏在している状況を踏まえると、わが国の経済成長を支えている若年・中年世代への早期の財産移転が、経済社会の活性化を図る上で望ましいのではないか、との考え方があります。このような立場から、相続に対する税負担と比較すれば高い贈与に対する税負担を軽減する方向で贈与税のあり方を検討していくべきではないか」との意見があり、これに対し、「今後の税体系において相続税の有する富の再分配機能が果たすべき役割はより重要となっていくので、贈与税の負担軽減には慎重であるべきではないか」といった意見や「仮に、贈与税負担の引下げを検討する場合には、贈与税が担っている相続税の課税回避を防止するという基本的な機能を損なわないようにすることが肝要」であるとの指摘が行われ、さらに、「贈与税の有する相続税の補完税としての役割を踏まえれば、贈与税のあり方は、相続税のあり方と密接に関連するものであり、相続税の抜本的な見直しと関連して検討を加えることが適当」とされました。

　また、贈与税の基礎控除については「執行

当局の事務処理や納税者の申告に要する手間を勘案し、少額不追求の観点から設けられているものであること、安易な引上げは、相続税の課税回避を防止するという贈与税の機能を損なうこととなるほか、相続税の課税ベースの縮小につながり、相続税の今後のあり方にも反してくるなどの問題があることに留意しなければならない」との考え方が示される一方で、同調査会の平成13年度の税制改正に関する答申でも示されているように「昭和50年以来その水準が据え置かれてきていること、若年・中年世代への早期の財産移転の促進を通じ経済社会の活性化に資すると考えられることから、当面の措置として引き上げてもよいのではないか」という意見が多く見られました。

贈与税は、相続人の生存中に財産を分割して贈与することにより、相続税の負担回避が図られることを防ぐという趣旨から設けられている相続税の補完税ともいうべき性格の税です。

したがって、基礎控除の安易な引上げは、相続税の課税回避を防止するという贈与税の基本的機能を損なうこととなります。

平成13年度の税制改正においては、上記の贈与税の基本的考え方を踏まえ、さらに上記の意見等に配意し、相続税の抜本的な見直しまでの臨時的な措置として、贈与税の基礎控除を引き上げることとされました。

参考：贈与税の基礎控除の額の推移

年	基礎控除 （暦年課税）
昭和33年～昭和38年	20万円
昭和39年～昭和49年	40万円
昭和50年～平成12年	60万円
平成13年～	110万円

贈与税の基礎控除の引上げは、①若年・中年世代への早期の財産移転は、経済社会の活性化につながるというプラスの側面と、②相続税の課税回避につながるという課税庁にとってのマイナスの側面、とのせめぎあいが続き、暫定処置としての110万円が平成13年から20年以上続いているわけです。

(3) 暦年贈与による生前贈与の加算対象期間の見直し

相続または遺贈により財産を取得した方が、その相続開始前7年以内（令和5年度改正前は3年以内）にその相続に係る被相続人から暦年課税による贈与により財産を取得したことがある場合には、その贈与により取得した財産の価額（その財産のうち相続開始前3年以内に贈与により取得した財産以外の財産については、その財産の価額の合計額から100万円を控除した残額）を相続税の課税価格に加算します。

この改正は、令和6年1月1日以後に贈与により取得する財産に係る相続税について適用されます。具体的な贈与の時期等と加算対象期間は次頁の表1のとおりです。

2 相続税の実態

(1) 相続税の課税割合と税収に占める相続税収の割合

平成26年まで相続税の基礎控除は5,000万円＋1,000万円×法定相続人の数でしたが、平成27年から3,000万円＋600万円×法定相続人の数に引き下げられたため、平成26年4.4％だった課税件数割合が平成27年には8％と改正前より大きくなっており、令和3年の相続税の課税件数割合は9.3％となっています。

課税件数割合は4.4％から9.3％と倍増しましたが、令和3年においても100人亡くなって90.7人が相続税の対象外という割合は、

■表1：贈与の時期と加算対象期間

贈与の時期		加算対象期間
～令和5年12月31日		相続開始前3年間
令和6年1月1日～	贈与者の相続開始日	
	令和6年1月1日～令和8年12月31日	相続開始前3年間
	令和9年1月1日～令和12年12月31日	令和6年1月1日～相続開始日
	令和13年1月1日～	相続開始前7年間

■図：相続税の税収、課税件数割合及び負担割合の推移

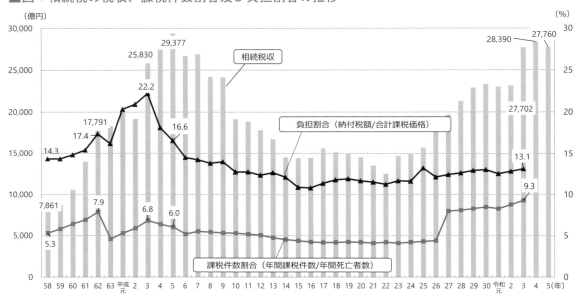

出典：財務省「相続税の改正に関する資料」

「相続税はお金持ちにかかる税」という構造は変わっていないといえます。

　一方、令和5年度の日本の税収は71兆円と見込まれており、法人税はコロナ禍から企業の業績が回復したことを受け、9.5％増の14.9兆円、消費税は円安や資源価格の高騰による物価上昇の影響や個人消費の持ち直しによって、5.4％増の23.8兆円、所得税も企業の賃上げや、株式などの配当収入の伸びを反映して5.3％増の22.5兆円と増加しています。税収が堅調に増加する中で、相続税は2.77兆円と税収の3.9％に留まっており、税収の中でそれほど大きな割合を占めているとは言えません（図参照）。

(2) 相続税率と相続税額

　次に相続税の税率と実際に課税価格に対しどれくらい相続税がかかるのかを見ていきま

① 相続税の税率

平成27年1月1日以降適用

基礎控除＝3,000万円＋600万円×法定相続人の数

		控除額
1,000万円以下	10%	－
3,000万円以下	15%	50万円
5,000万円以下	20%	200万円
1億円以下	30%	700万円
2億円以下	40%	1,700万円
3億円以下	45%	2,700万円
6億円以下	50%	4,200万円
6億円超	55%	7,200万円

② 相続税額（相続人が配偶者と子の場合）

基礎控除前課税価格	相続税額			
	配偶者と子1人	配偶者と子2人	配偶者と子3人	配偶者と子4人
5,000万円	40万円	10万円	0円	0円
6,000万円	90万円	60万円	30万円	0円
7,000万円	160万円	113万円	80万円	50万円
8,000万円	235万円	175万円	138万円	100万円
9,000万円	310万円	240万円	200万円	163万円
1億円	385万円	315万円	262万円	225万円
2億円	1,670万円	1,350万円	1,217万円	1,125万円
3億円	3,460万円	2,860万円	2,540万円	2,350万円
4億円	5,460万円	4,610万円	4,155万円	3,850万円
5億円	7,605万円	6,555万円	5,962万円	5,500万円
6億円	9,855万円	8,680万円	7,838万円	7,375万円
8億円	1億4,750万円	1億3,120万円	1億2,135万円	1億1,300万円
10億円	1億9,750万円	1億7,810万円	1億6,635万円	1億5,650万円

③ 相続税額（相続人が子のみの場合）

基礎控除前 課税価格	相続税額			
	子1人	子2人	子3人	子4人
5,000万円	160万円	80万円	20万円	0円
6,000万円	310万円	180万円	120万円	60万円
7,000万円	480万円	320万円	220万円	160万円
8,000万円	680万円	470万円	330万円	260万円
9,000万円	920万円	620万円	480万円	360万円
1億円	1,220万円	770万円	630万円	490万円
2億円	4,860万円	3,340万円	2,460万円	2,120万円
3億円	9,180万円	6,920万円	5,460万円	4,580万円
4億円	1億4,000万円	1億920万円	8,980万円	7,580万円
5億円	1億9,000万円	1億5,210万円	1億2,980万円	1億1,040万円
6億円	2億4,000万円	1億9,710万円	1億6,980万円	1億5,040万円
8億円	3億4,820万円	2億9,500万円	2億5,740万円	2億3,040万円
10億円	4億5,820万円	3億9,500万円	3億5,000万円	3億1,770万円

④ 一次相続と二次相続の相続税額の合計

　②と③の表を見比べるとおわかりいただけると思いますが、相続税はいわゆる一次相続（配偶者がいる場合）は、10億円の資産があっても子どもが1人の場合の相続税は1億9,750万円で、課税価格の約20％であり、それほどの重税感はないのではないかと思われます。

　しかし、二次相続までを考えると10億円の財産の2分の1を相続した配偶者分5億円をそのまま相続したとすると相続税は1億9,000万円となり、10億円の財産に対する一次相続と二次相続の合計は、3億8,750万円と40％近い税率となります。

　次頁の表2に一次相続の財産をベースに一次相続と二次相続の合計額をまとめましたので、参照してください。

　一次相続での財産が2億円で10％程度ですので、それほどの重税感は感じないと思われますが、4億円を超えると25％を超えるので、節税へのニーズが増すと考えられます。

　相続財産が、預貯金や上場株式などの金融資産がメインであれば、相続税を払えるかもしれませんが、不動産が多い場合には実際の納税資金に苦労される方が多いのも事実です。重税感を感じた方がどのように節税を考えていくのかを、次に見ていきます。

■表２：一次相続と二次相続の相続税額の合計

一次相続の基礎控除前課税価格	一次相続と二次相続の相続税額の合計			
	子1人	子2人	子3人	子4人
1億円	545万円	395万円	282万円	225万円
2億円	2,890万円	2,120万円	1,847万円	1,615万円
4億円	1億0,320万円	7,950万円	6,615万円	5,970万円
6億円	1億9,035万円	1億5,600万円	1億3,298万円	1億1,955万円
8億円	2億8,750万円	2億4,040万円	2億1,115万円	1億8,880万円
10億円	3億8,750万円	3億3,020万円	2億9,615万円	2億6,690万円

＊二次相続においては、一次相続の２分の１を法定相続分で相続したと仮定

3　相続税の節税としての生前贈与

　一番簡単な相続税の節税は、贈与により相続財産を減らしていくことです。

　ここでは、暦年贈与の税率とその節税効果を具体的な数字を使って見ていきます。

(1)　贈与税の税率

＜一般贈与財産用＞（一般税率）

　この速算表は、「特例贈与財産用」に該当しない場合の贈与税の計算に使用します。

　例えば、兄弟間の贈与、夫婦間の贈与、親から子への贈与で子が未成年者の場合などに使用します。

＜特例贈与財産用＞（特例税率）

　この速算表は、贈与により財産を取得した者（贈与を受けた年の１月１日において18歳（注）以上の者に限ります）が、直系尊属（父母や祖父母など）から贈与により取得した財産に係る贈与税の計算に使用します。

　例えば、祖父から孫への贈与、父から子への贈与などに使用します。（夫の父からの贈与等には使用できません）

（注）：「18歳」とあるのは、令和４年３月31日以前の贈与については「20歳」となります。

■表３：贈与税の税率（一般税率）

基礎控除後の課税価格	税率	控除額
200万円以下	10%	―
300万円以下	15%	10万円
400万円以下	20%	25万円
600万円以下	30%	65万円
1,000万円以下	40%	125万円
1,500万円以下	45%	175万円
3,000万円以下	50%	250万円
3,000万円超	55%	400万円

■表４：贈与税の税率（特例税率）

基礎控除後の課税価格	税率	控除額
200万円以下	10%	―
400万円以下	15%	10万円
600万円以下	20%	30万円
1,000万円以下	30%	90万円
1,500万円以下	40%	190万円
3,000万円以下	45%	265万円
4,500万円以下	50%	415万円
4,500万円超	55%	640万円

贈与税の税率は、一般贈与と特例贈与に分かれていますが、500万円の贈与をした場合には、一般の贈与の場合53万円、特例贈与の場合48.5万円です。

ここからは話をわかりやすくするために、500万円の贈与の贈与税額を50万円として、話を進めます。

(2) 贈与による節税

500万円の贈与を10年間行うと5,000万円の贈与を行えます。

贈与税は50万円×10年で500万円です。

これを2人の子どもと2人の孫に行うと5,000万円×4人＝2億円の贈与を行えます。

贈与税は500万円×4人＝2,000万円です。

もともと10億円の財産の人だとすると、子ども2人で3億3,020万円の相続税（表2参照）が、贈与により財産が8億円に減るわけですから相続税は2億4,040万円になります。

贈与税の2,000万円を加えても2億6,040万円、節税額はなんと6,980万円です。

毎年500万円ずつ贈与をして、相続税が6,980万円も節税できるなら、皆さんやりますよね？

やらないという意味がわかりません……。

これが、課税当局が問題視した「現行の贈与税に関しては、財産の分割贈与や連年贈与

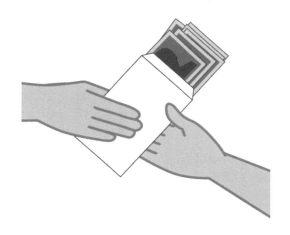

を行うことで税負担の回避が可能になるという構造上の問題が指摘されており、こうした問題に対処するため、相続税と贈与税の一体化を行うことにより、資産移転の時期の選択に中立的な税制の構築が必要であるとされ……」へと、繋がっていくわけです。

(3) 令和4年度税制改正大綱において

令和3年12月10日、自由民主党・公明党が発表した令和4年度税制改正大綱において、以下のように指摘しており、贈与税の改正が間近にせまっていることを匂わせました。

「わが国では、相続税と贈与税が別個の税体系として存在しており、贈与税は、相続税の累進回避を防止する観点から高い税率が設定されている。このため、将来の相続財産が比較的少ない層にとっては、生前贈与に対し抑制的に働いている面がある一方で、相当に高額な相続財産を有する層にとっては、財産の分割贈与を通じて相続税の累進負担を回避しながら多額の財産を移転することが可能となっている。

今後、諸外国の制度も参考にしつつ、相続税と贈与税をより一体的に捉えて課税する観点から、現行の相続時精算課税制度と暦年課税制度のあり方を見直すなど、格差の固定化防止等の観点も踏まえながら、資産移転時期の選択に中立的な税制の構築に向けて、本格的な検討を進める。

あわせて、経済対策として現在講じられている贈与税の非課税措置は、限度額の範囲内では家族内における資産の移転に対して何らの税負担も求めない制度となっていることから、そのあり方について、格差の固定化防止等の観点を踏まえ、不断の見直しを行っていく必要がある」。

この時点での筆者の改正の予想は、贈与税の基礎控除を60万円に戻し、生前贈与加算を5～10年に変更、とセミナーにおいても話していましたが、基礎控除は引き下げられ

ることはありませんでした。

予想は半分当たり、半分ハズレでした。

⑷ 資産移転時期の選択に中立的な税制とは

令和4年2月21日、日本税理士会連合会・税制審議会から発表された令和3年度諮問に対する答申「資産移転の時期の選択に中立的な相続税・贈与税のあり方について」において、「資産移転の時期の選択に中立的な税制」とは、資産の移転方法やその金額にかかわらず、移転資産の総額に係る税負担が一定となる税制をいうとされています。

理論的な「資産移転の時期の選択に中立的な税制」は、その子が生まれてから親が亡くなるまでの贈与財産をすべて相続時精算課税で精算ということになります。

詳しくは次項に譲りますが、今回の改正により、相続時精算課税に110万円の基礎控除の制度ができたことにより、相続時精算課税の利用者は増え、日本の資産税に資産移転時期の選択に中立的な税制が根付くものと思われます。

一方で、相続税の重税感を感じる資産が4億円を超える世帯は、これからも暦年贈与による節税対策は有効であるので、これまで以上に、早期の相続税対策としての贈与が行われると予想します。

【執筆者略歴】

小川　実（おがわ　みのる）

税理士、一般社団法人相続診断協会代表理事、HOP グループ代表。
河合康夫税理士事務所勤務、野村バブコックアンドブラウン株式会社勤務を経て、HOP グループを設立。
日本から争族をなくしたいという想いで、2011年一般社団法人相続診断協会を設立。2023年9月末日現在相続診断士合格者47,104人。民法906条（遺産の分割の基準）を世の中に広めることにより、無用な争族をなくし、笑顔相続を広めることをミッションとしている。

贈与税制の大改正と今後の財産移転戦略

相続時精算課税制度の活用

税理士　**高橋　大祐**

相続時精算課税制度（以下「本制度」といいます）は、平成15年度の税制改正において、次世代への早期の資産移転と有効活用を通じた経済活性化の観点から導入されたものです。本制度選択後は生前贈与か相続かによって税負担は変わらず、資産移転の時期に対して中立的な仕組みとなっています。本制度をより理解するために、まずは、本制度がわが国の税制に採用されることとなった背景について見ていきます。

1　相続時精算課税制度の背景

贈与税の課税方式には、アメリカが採用する一生累積方式、ドイツ・フランス等が採用する一定期間累積方式のように複数年の贈与について合算したうえで累進率を乗じ、過去の贈与税額を控除する累積課税方式と、日本が採用する単年の贈与について累進率を乗じる暦年単位の課税方式があります。

また、贈与税については、生前贈与を通じた相続税の課税回避の防止を図ること、無償の利得である贈与に対しては高い負担を求めることが適当であると考えられること等から相続税に比し高い累進率で課税されてきました。

本制度が導入される以前のわが国において

は、この高い累進率を持つ贈与税が結果的に高齢者からの資産移転を阻害する方向に働いていると考えられ、当時、平成14年6月の政府税制調査会では、

「暦年で単一年の課税であるわが国の贈与税においては、相続税の課税回避を防止する観点から税負担は比較的高い水準に設定されている。高齢化の進展に伴って相続による次世代への資産移転の時期がより後半にシフトしていることから、資産移転の時期の選択に対する中立性を確保することが重要となってきている。高齢者の保有する資産（金融資産のみならず住宅等の実物資産も含む）が現在より早い時期に次世代に移転するようになれば、その有効活用を通じて経済社会の活性化に資するといった点も期待されよう。このような観点から、相続税・贈与税の調整のあり方（生前贈与の円滑化）を検討すべきである」
との指摘がなされました。

このような状況を受けて、同年11月の同調査会では、
「高齢化の進展に伴って、相続による次世代への資産移転の時期が従来より大幅に遅れてきている。また、高齢者の保有する資産（住宅等の実物資産も含む）の有効活用を通じて経済社会の活性化にも資するといった社会的要請もある。かかる状況の下、相続税・贈与

税の改革については、生前贈与の円滑化に資するため、生前贈与と相続との間で資産移転の時期の選択に対して税制の中立性を確保することが重要となってきている。こうした状況を踏まえ、相続税・贈与税の一体化措置を平成15年度税制改正において新たに導入する」

とし、課税の一体化を目的として採用されたのが本制度です。

本制度では、相続時点でなければ各相続人別の正確な相続税額は確定しないというわが国の相続税制度の特徴（遺産取得課税方式と遺産課税方式のいわゆる併用方式）を踏まえ、相続時の累積課税方式とすることが適当であり、次のような制度概要が示されました。

2　本制度の概要

本制度の主旨から、適用対象となる贈与者は一定の高齢者とし、同じく受贈者はその贈与者から将来相続を受ける者で、かつ贈与された財産を管理処分できる者ということになりました。具体的には、贈与者は贈与年の1月1日において65歳以上の親、受贈者は同日において20歳以上の子とされました。その後、平成25年度税制改正において、贈与者の年齢が60歳に引き下げられるとともに、

受贈者に孫も加えられることになりました。さらに、令和4年4月からは、成人年齢の引下げに伴い、受贈者の年齢が18歳に引き下げられました。

受贈者が特定の贈与者からの贈与について、本制度の適用を受けることを選択すると、他の贈与財産と区別したうえで、最大で2,500万円の特別控除額までは贈与財産の種類、金額、贈与回数に関係なく贈与税はかかりません。そして、その贈与者からの贈与財産が累積で2,500万円を超過した場合にも、その超過部分に対する贈与税は一律20％と、通常の暦年課税制度による贈与税（累進課税）に比べたら、簡素といえます。これは、本制度において贈与段階で支払う贈与税が、最終的に相続時に精算されることを前提にした各年における概算払いという性格を有するためです。したがって、本制度を選択した受贈者は、その後の相続時に、それまでの贈与財産を相続財産に含めて計算した相続税額から、これまで本制度の下で支払った贈与税額を控除します。

平成15年1月1日以降に行われた贈与について、暦年課税制度との選択制として運用が始まった本制度も、導入直後は贈与全体の2割ほど利用が進みました。しかし、平成19年の24.9％をピークに、以降は暦年課税

■制度利用状況の推移

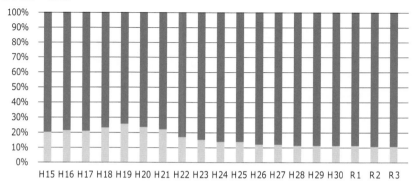

※財務省　相続税・贈与税に係る基本的計数に関する資料より

制度に押される形で利用が伸び悩み、平成25年度に決まった"ある改正"の影響もあって、結果的に、現在の水準の1割まで減ってしまいました。

3　平成25年度の税制改正

いったい平成25年度に何があったのでしょうか。

実は、この年度の税制改正で、相続税の遺産に係る基礎控除額の見直しが行われたのです。相続税の計算上、被相続人から相続又は遺贈により財産を取得したすべての者に係る課税価格の合計額がこの基礎控除額を超える場合、その超える部分に相続税の税率が乗じられます。すなわち、基礎控除額とは遺産全体に対する相続税の課税最低限を定めたものであり、課税価格の合計額がこれを下回れば、相続税はかからないことになります。この基礎控除額が、同年度の改正で、平成27年1月1日以降に開始する相続より、従前の「5,000万円＋1,000万円×法定相続人の数」から「3,000万円＋600万円×法定相続人の数」に縮減されることになったのです。

改正の背景には、相続税の課税ベースの拡大がありました。それまで、相続税の課税割合は、日本全体で見ても約4%程度でしたが、平成27年の施行後にその割合は8%まで増えました。そして最近では、不動産の高騰や円安の進行もあり、10%到達も時間の問題です。当時も、新聞や雑誌で大きな話題を呼び、相続税に対する国民の関心が高まるきっかけとなりました。

こうした状況もあり、相続税の節税対策として行われたのが、暦年課税制度を利用した生前贈与です。受贈者1人当たり年間110万円まで認められる基礎控除額と、贈与後3年超が経過した贈与財産は相続税の計算上加算されないという制度の特徴を生かし、親世代から子・孫世代へ、現金を中心とした財産の移転が行われました。

一方、本制度はというと、最大2,500万円の特別控除額と一律20%という税率は魅力ではありましたが、最終的に相続財産に含めて課税されるという点で節税には向かないとして、暦年課税制度に比べて利用が進まなかったと考えます。

4　令和5年度の税制改正

本制度の利用を促進する観点から、令和5年度の税制改正では、令和6年1月1日以降に行われる贈与について、受贈者1人当たり年間110万円という基礎控除額が、本制度に

■課税割合の推移

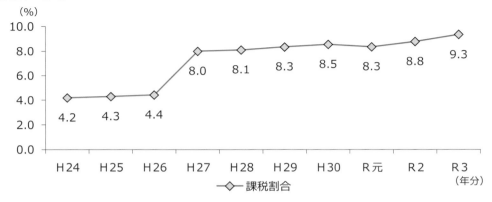

※国税庁　令和3年分 相続税の申告事績の概要より

おいても創設されることになりました。これにより、本制度を選択した場合には、従来の特別控除額2,500万円と合わせて2,610万円、さらに、別の贈与者からの贈与について暦年課税制度に係る基礎控除額110万円も利用することで、年間最大2,720万円までは贈与税がかかることなく、贈与を行えることになります。

そして、本制度の基礎控除額部分に限っては、その贈与者の相続が起こったとしても、相続財産に含めて相続税が課税されることはありません。本制度の使い勝手という点でネックにもなっていた、贈与財産のすべてを相続財産に含めるという内容が改善され、暦年課税制度の新ルールのような、相続開始前一定期間の遡りもありません。したがって、今後、本制度の年齢要件を満たす者同士での贈与が行われた場合に、暦年課税制度よりも本制度を選択する受贈者の割合が増えていくものと予想します。

5 本制度の活用事例

本制度の活用事例を紹介します。

① 活用事例1

> ＜A社＞
> 資本金：300万円
> 株主：甲60株（100％保有）
> 株価（直近）：1株40万円
>
> A社は、今から30年前に、それまで甲が個人で行っていた不動産賃貸事業を法人成りした際に設立した法人です。ここ数年はコロナ禍による空室や値下げ交渉が相次いだことで、業績が低迷し、5年前には1株60万円だった自社の株価も2/3まで下がってしまいました。
> このたび、甲が65歳を迎え、A社を甲の子（40歳）に承継することにしました。

A社の株式を甲から子へ移転する方法は、大きく3つです。
① 相続
② 譲渡（子による買取り）
③ 贈与
株式を取得する子の資金的な負担を考えた場合に有利になりやすいのが①の相続による移転です。甲が保有するA社株式以外の財産次第にはなりますが、遺産に係る基礎控除額によって相続税の負担の抑制が見込まれます。しかし、相続はいつ起こるかわかりません。今後、A社の業績が回復すれば、株価は再び上昇していくでしょう。移転時期をコントロールできないのが、この場合の難点といえます。

では、②の譲渡による移転はどうでしょう？ 相続と異なり、譲渡では株式の移転時期を任意に定めることができます。将来株価が上昇すると見込まれる場合には、株価が低いうちに譲渡を行い、移転を完了させてしまえばよいのです。しかし、子は相続のときのように、株式をただもらうだけではなく、買取りのための資金を準備しなくてはいけません。A社から資金の融通を受けたり、それでも不足する場合には、銀行等からの融資を検討したりしなくてはいけません。

こうした状況にもっとも効果的な方法が、③の贈与による移転です。贈与であれば、譲渡同様、株式の移転時期を任意に定めることができるうえに、譲渡のような株式の買い取り資金の準備も不要です。

しかし、それだと贈与税で高額になるのでは……？

たしかに、暦年課税制度であれば、最大50％の贈与税がかかることでしょう。だからこそその、本制度の出番なのです。

今回のケースであれば、株式をすべて贈与しても、その総額は特別控除額の範囲に収まります（60株×40万円＝2,400万円≦2,500万円）ので、これだけであれば、贈与税はか

からないことになります。仮に、株価が45万円であったとして、贈与の総額が特別控除額を超えた（60株×45万円＝2,700万円＞2,500万円）としても、贈与税の負担は、超えた分の一律20％（200万円×20％＝40万円）となります。

　さらに、贈与後についても見ていきましょう。A社株式は子が保有することになりましたが、本制度の特徴として、贈与者である甲の相続が起こった場合には、今回贈与を受けたA社株式を甲の相続財産に含めて相続税を計算しなければなりません。しかし、このとき用いるA社株式の株価は、相続開始時点の株価ではなく、贈与時の株価とされます。したがって、贈与後の株価上昇が甲の相続税に影響を及ぼさなくなるため、子は株価を気にすることなくA社の本業に臨めるというわけです。

　これが、贈与による「価額据置き」効果です。本制度に限らず、暦年課税制度でも同様の効果はありますが、今回のケースのように、贈与総額が高額になるような場合には、本制度を選択するのがよいでしょう。

　さて、子について、甲からの株式の移転は完了しましたが、今後、追加で甲から現金等の贈与を受けたとしても、それらすべて相続財産に含めることになってしまいます。本制度を選択するのと引換えに、暦年課税制度にのみ認められていた年間110万円の基礎控除額を利用できなくなるのが、これまでの通例

でした。

　しかし、先述のとおり、本制度においても、贈与時期に関係なく相続財産に含めなくてよい年間110万円の基礎控除額が認められるようになったことで、この基礎控除額を利用した連年贈与による財産移転が可能となりました。

　今後、値上がりが見込まれる不動産や株式を保有されている方については、これまで以上に積極的に、本制度を利用することが見込まれます。

② 　活用事例2

> 保険契約者（保険料負担者）：子
> 被保険者：乙
> 保険金受取人：子
> 年間保険料：100万円
>
> 　乙は、数年前に、乙の子を契約者とする上記生命保険の被保険者となりました。保険の契約締結以降、毎年、保険料相当の現金を乙から子に贈与しています。
> 　今般の税制改正で、暦年課税制度による贈与財産のうち、相続財産へ加算される範囲が、相続開始前7年以内に拡大されたことで、相続税の節税が見込めなくなるのではないかと危惧しています。

　いわゆる「保険料贈与プラン」を以前から行っていたケースです。

　相続税対策の一環で子に現金の贈与を行った場合に、受け取った現金を相続が起こるまで子が手を付けずにいると、後日、税務当局から、名義預金であると認定されるリスクがあります。本プランでは、受け取った現金を子が契約する保険の保険料として毎年払い出すことで、名義預金リスクの回避が行えます。

　保険会社に支払われた保険料は、被保険者である贈与者の死亡に伴い、死亡保険金とい

う形で、保険金受取人である子に帰属することになります。課税上は、贈与額（年間保険料額）を暦年課税制度に係る基礎控除額110万円以内に設定することで、贈与税がかからずに済みます。そして、贈与した分は相続財産からも除かれますので、原則、相続税もかかりません。保険金を受け取った際も、保険料負担者は子であるため、保険金が相続税の対象となることはありません。受け取った保険金と支払った保険料の差額から50万円を差し引いた残額が一時所得となり、これに通常の所得税・住民税率の２分の１の税率を乗じた税額を子は負担することになりますが、その対象はあくまでも、支払った保険料よりも増えて戻ってきた分についてのみです。子が親のお金を元手に、生命保険のレバレッジを効かせられたことになります。

本プランによった場合、これまでであれば、相続開始前３年以内の贈与分が相続財産に加算されることだけ注意していれば問題はありませんでした。しかし、令和５年度の税制改正において、その対象期間が７年に伸長されたことで、今後は相続税の節税効果が見込めないケースも少なからず増えてくることでしょう。

では、相続税の節税にならないからといって、これまで行ってきた贈与をやめるとどうなるでしょう。契約者である子は、保険料の支払いに必要な資金的な裏付けを失い、保険

契約の維持が困難になる場合も考えられますので、贈与をやめるという選択もなかなか難しいでしょう。

このような場合にも、今後は本制度が有効です。贈与時は同じ110万円でも、暦年課税制度に係る基礎控除額ではなく、本制度に新設された基礎控除額を利用すればよいのです。そうすれば、贈与した現金については、贈与後３年と言わず、その贈与後から相続税の計算上、考慮しないでよくなります。

ここまで、相続時精算課税制度の沿革から、今般の改正内容、そして今後の活用について紹介しました。

ここ数年の税制改正のたびに、「資産移転の時期の選択に中立的な税制」の実現に向け、相続税と贈与税の一体化した仕組みとして、注目されてきた本制度ですが、フタを開けてみれば、相続財産へ加算不要の基礎控除額が創設されることになったことには、筆者も驚きました。

活用事例でも述べましたように、今後も基礎控除額を活用した連年贈与による相続税対策の可能性は残ります。税理士の助言も受けながら、わが家の相続対策にあった制度選択を行っていただければと思います。

〈参考文献〉
『DHC コンメンタール相続税法』第一法規。

【執筆者略歴】

高橋　大祐（たかはし　だいすけ）

税理士法人 HOP　社員税理士。
資産税業務を専門とし、相続診断士との連携を中心に、個人の相続対策から中小企業の事業承継まで、幅広く対応する。税務調査にも精通しており、過去に、800万円もの追徴税額の指摘をゼロにした実績を持つ。現場で培った経験をまとめた実務家向けセミナーは受講者より高い評価を得ている。

生前贈与の法的な適正手続き

弁護士・上級相続診断士　木野　綾子

1　生前贈与の基本

(1)　誰でも「贈与のベテラン」

「生前贈与」とは、「生きているうちに、誰かに財産をあげること」です。

法的には「贈与」という契約に当たり、民法にも典型的な契約類型の1つとして規定が置かれています。

「相続における生前贈与」というと、大仰で縁遠いイメージを受ける人もいると思います。まして、その「法的な適正手続」というと、とても面倒な印象を受けますね。

でも、思い起こしてみれば、私たちは生まれてすぐのころから、親子、きょうだい、友達などの間で「これあげる」「ありがとう」などと言いながら、贈与を繰り返してきています。贈与は、売買や貸し借りよりも日常的かつ頻度の高い法律行為であり、実は私たちは誰しも「贈与のベテラン」なのです。

では、自分の身近な贈与体験を思い起こしながら、贈与のルールを確認してみましょう。

(2)　「あげる」「もらう」の合意があれば贈与が成立

贈与は、次の2つ（合意）があれば、贈与の契約として有効に成立します。

① 贈与をする（あげる）側の当事者が「贈与をする（あげる）」という意思を表示すること
② 贈与を受ける（もらう）側の当事者が「贈与を受ける（もらう）」という意思を表示すること

贈与の対象となるのは、金銭、物品、債権、不動産など、一般的に「財産」と呼ばれるものがすべて含まれます。

> 民法549条（贈与）
> 　贈与は、当事者の一方がある財産を無償で相手方に与える意思を表示し、相手方が受諾をすることによって、その効力を生ずる。

《よくある質問》

Q1

贈与の対象となる財産を渡す前であっても、合意さえあれば、贈与契約として有効に成立するのですか？

A1

その通りです。贈与契約をしたのに、もらう側が贈与の対象となる財産をもらえなかった場合、あげる側に対して贈与契約に基づく履行請求をすることができます。もちろん、合意と同時に、あるいは合意より前に、贈与

の対象となる財産を渡すこともできます。

Q2

明確に「あげる」「もらう」と言わなくても、「黙示の意思表示」というものがあると聞いたことがありますが、どういうことですか？

A2

黙示の意思表示（言葉でストレートに表現せずに、他の言動や事実によってその意思を暗に表現すること）でも贈与は有効に成立します（民法527条参照）。

たとえば、Ａさんの誕生日にＢさんが「誕生日おめでとう」と言ってリボンをかけた箱を渡し、Ｂさんが「ありがとう」と言って受け取ったとしましょう。Ａさんは「あげる」という言葉を使っていないですし、Ｂさんも「もらう」という言葉は発していませんが、状況から見て、ＡＢ間でその箱について贈与契約が成立したといえるでしょう。

一方、ＡさんがＢさんに車の鍵を渡してＢさんが受け取ったとしても、その事実だけでは、車の贈与なのか、貸し借りなのか、売買なのかわかりません。その背景となる事情との合わせ技で初めてその法的性質が特定できるという曖昧さが残るので、大事な契約を黙示の意思表示で行うことはお勧めできません。

Q3

「寄付（寄附）」という言葉もよく聞きますが、贈与と寄付はどう違うのですか？

A3

寄付も法的には贈与です。ただ、税務・会計上の取扱いの違いや、公益目的かどうかなどにより、一定の要件を満たす贈与が一般的に寄付と呼ばれています。寄付の場合、もらう側が広く寄付金を募集していることも多いのですが、あげる側ともらう側の合意が必要であることに変わりありません。

Q4

親の介護に専念するため実家に数か月帰省している妻に生活費を送金しようと思います。この場合も贈与に当たるのでしょうか。

A4

この場合の妻への送金は、配偶者の扶養義務（民法752条）に基づく生活費（別居中の婚姻費用）であり、法的原因が贈与とは異なりますので、贈与には当たりません。

Q5

贈与契約書を交わさなくても、合意さえあれば、贈与契約として有効に成立するのですか？

A5

その通りです。でも、生前贈与の場合は特に、契約書を交わしておくことが望ましいといえます。詳しくは次の項に譲ります。

(3) 生前贈与は契約書を交わすことが望ましい

① 明確な契約書の作成が重要

贈与は合意さえあれば、それが口から発した言葉であっても、メールやチャットであっても、黙示のものでもよく、契約書を交わすことは必須ではありません。

そうはいっても、あげる側ともらう側との間に、記憶違いや解釈のズレがなく、債務不履行もなく、うまくいっている時は契約書など必要ないかもしれませんが、いざトラブルが生じた場合には、どうでしょうか。

契約書を作って、あげる側ともらう側で取り交わしておけば、後に贈与契約の存在とその内容を相手方や第三者に証明するための証拠になりますので、一義的に明確な契約書を作成しておくことはきわめて重要です。

特に、本書で想定している生前贈与契約の場合、次のような場面で契約書の呈示を求められる可能性があります。

・贈与税の算定をする場面
・特別受益（生前贈与）の成否を判断する場面
・親の財産の使い込みが問題となっている場面

② **典型的な書式**

次に、典型的な書式を紹介します。

■基本的な贈与契約の書式例

贈 与 契 約 書

贈与者 ○○○○（以下「甲」という）は、受贈者○○○○（以下「乙」という）と、次のとおり贈与契約を締結する。

第1条

甲は、金100万円を乙に贈与するものとし、乙はこれを承諾した。

第2条

甲は、前条に基づいて贈与した金員を、令和○年○月○日までに、乙名義の○○銀行○○支店の普通預金口座（口座番号○○）に振り込んで支払う。

この契約を締結する証として、この契約書2通を作成し、甲乙双方が署名押印のうえ、各1通を保有するものとする。

令和○年○月○日　　　　　甲　住所　　○○○○
　　　　　　　　　　　　　　　氏名　　○○○○　　　　㊞
　　　　　　　　　　　　　乙　住所　　○○○○
　　　　　　　　　　　　　　　氏名　　○○○○　　　　㊞

■不動産を贈与する場合の書式例

第1条

甲は、下記の不動産を乙に贈与するものとし、乙はこれを承諾した。

記

（土地）所　　在　　○○市○○区○○8丁目
　　　　地　　番　　345番
　　　　地　　目　　宅地
　　　　地　　積　　142.13㎡
（建物）所　　在　　○○市○○区○○8丁目345番地
　　　　家屋番号　　345番
　　　　種　　類　　居宅
　　　　構　　造　　木造瓦葺2階建
　　　　床 面 積　　1階　67.96㎡
　　　　　　　　　　2階　64.65㎡

※別紙として「物件目録」をつける方式もあります。

③ **相続分の贈与（無償譲渡）**

ちょっと変化球になりますが、「相続分の譲渡」が無償で行われる場合には贈与になります。相続実務でよく使われる契約なので、書式を紹介します。

■相続分を無償で譲渡する場合の書式例

相続分の譲渡契約書

被相続人○○○○（以下「被相続人」という。相続開始日：令和○年○月○日）の相続について、相続人甲は相続人乙に対して次のとおり合意した。

第1条

被相続人の相続について、甲は、その相続分（ただし、現時点で未分割の遺産に関するもの）全部を無償で乙に譲渡し、乙はこれを譲り受けた。

以上

《よくある質問》

Q6

贈与契約書を公正証書で作る必要がありますか。メールやチャットでのやり取りは、契約書の代わりになりませんか。

A6

贈与契約を公正証書で作ることもできますが、必須ではありません。公正証書のメリットは、契約の内容及び存在について公証人が公に証明してくれることと、執行認諾文言を入れれば裁判手続を経ずに強制執行ができるということです。何かトラブルが予想される場合にのみ検討するとよいでしょう。

メールやチャットなど定型の契約書ではない文章のやりとりは、どうしても不明確になりがちなので望ましくはありませんが、差出人・名宛人・送受信日時が最低限特定できれば、証明手段としては「何もないよりはマシ」といえます。

Q7

押印は必要ですか。実印でなくてはなりませんか。

A7

法的にいうと、実は押印は必須ではありません。ただ、署名だけだと筆跡争いが起きかねませんし、押印するとしても認め印だと第

三者が文具屋で買ってきて押すこともできてしまいます。実印を押した契約書に印鑑登録証明書を添えて取り交わすのがベストですが、家族間の契約書の場合はそこまでやらず、署名や認め印で簡易に済ませることもよくあります。

Q8

贈与契約書の文中に、税金の処理についても言及した方がよいでしょうか。

A8

一般的には、税金の処理に関する事項はあえて贈与契約書の文中に書かない方がよいでしょう。そもそも書く必要がありませんし、書いたことが間違っていたり、当事者の真意が贈与以外のところにあるかのような誤解を招いたりするリスクがあるからです。

(4) 生前贈与の履行（財産の移転）方法

次に生前贈与の履行方法について見てみましょう。

① 金銭を贈与する場合、現金でのやりとりは避けて銀行振込の方法にすることが無難です。なぜなら、記録に残らない現金のやりとりは、後に「使途不明金」となり「使い込み（不当利得）」などの問題に発展するケースもあるからです。

② 不動産の場合には贈与を登記原因とする所有権移転登記手続をして、あげる側からもらう側に権利が移転したことを第三者にも主張できるようにしておきます。その場合には、贈与契約書を作る前に登記の専門家である司法書士に相談するとよいでしょう。

③ 未上場株式の贈与の場合には、その会社の定款で株式の譲渡に制限が付されているケースが多いため、よく確認してその制限に沿った手続きを踏む必要があります（次頁の「未上場株式の贈与契約書の書式例」の第2条2項参照）。また、不動産でいうと登記簿に当たる株主名簿の書換手続も必要です（会社法127条～。上記書式例の第2条3項参照）。

■未上場株式の贈与契約書の書式例

株式贈与契約書

AとBは、本日、Aが所有する株式会社○○の株式の贈与について以下のとおり合意した。

第1条（株式贈与の合意）

AはBに対し、本日、Aの所有する以下の株式（以下「本件株式」という。）を贈与し、Bはこれを承諾した。

発行会社　　　　　　株式会社○○

株式の種類　　　　　普通株式

株式数　　　　　　　1000株

第2条（権利の移転及び株式譲渡承認請求）

1　本件株式の所有権は、本契約の締結と同時にBに移転するものとする。

2　Aは、本契約の締結から○日以内に、本件株式の譲渡につき、発行会社に対する株式譲渡承認請求を行う。

3　A及びBは、発行会社の承認（みなし承認を含む。）から○日以内に、共同して発行会社に対する株主名簿書換請求を行う。

金銭や不動産の贈与と比べると複雑なので、念のため弁護士や税理士に相談することをお勧めします。

④　その他、履行そのものの記録ではありませんが、親族間の暦年贈与や教育資金贈与などの場合には、あげる側ともらう側のコメントを契約書にメモしておくこともよいアイディアだと思います。たとえば、親が「このお金はこんなふうに使って将来に役立ててほしい」という期待や激励の言葉を書き、子が親への感謝や将来の抱負を書くなどです。

また、生活の援助や負担付き贈与（後記2の(1)）などは、そのような贈与をするに至った理由や経緯などを文章で残しておくことをお勧めします。

対価をもらわずに無償で誰かに財産をあげる、という経済的に見て不合理な行為の裏側には、必ず何らかの事情や感情がくっついているものです。それが第三者から見ればひどく不公平な出来事に見えたり、何十年も経過するうちに贈与の当事者ですら当時の事情を忘れたりしてしまうこともあります。

思わぬトラブルや感情のもつれを防ぐためにも、記録を残しておくことは重要です。

《よくある質問》

Q9

未成年の娘に金銭を贈与したいのですが、何か気をつけることはありますか。

A9

親権者は未成年の子どもの法定代理人となりますが、親子で利益が相反する行為については、別途特別代理人を選任する必要があります（民法826条1項）。

民法826条1項（親子間の利益相反行為）

親権を行う父又は母とその子との利益が相反する行為については、親権を行う者は、その子のために特別代理人を選任することを家庭裁判所に請求しなければならない。

しかし、未成年の子どもが親から単なる贈与を受けることは、子どもにとって何の不利益もないため、あげる側の親はもらう側の子

どもの法定代理人として贈与契約を結ぶことができると裁判例でも認められています。

ただし、親に対する子どもの負担（親の面倒をみるなど）を伴う贈与（後記2の(1)）の場合には利益相反行為となることがあるので、注意しましょう。

Q10

成人している息子に贈与をしたいのですが、息子は遠方に住んでいるので、私が息子の代理人として贈与契約書に署名押印をしようと思います。大丈夫でしょうか？

A10

あげる側がもらう側の（その逆も同様）代理人として贈与契約をすると、原則として代理権が否定されて契約は無効となります。第三者があげる側ともらう側双方の代理人となる場合も同様です。ただ、代理される本人（Q10のケースでは息子）が許諾すれば有効となります（民法108条）。

民法108条1項（自己契約及び双方代理等）
　同一の法律行為について、相手方の代理人として、又は当事者双方の代理人としてした行為は、代理権を有しない者がした行為とみなす。ただし、債務の履行及び本人があらかじめ許諾した行為については、この限りでない。

本人の許諾も書面で用意することが望ましいのですが、それなら、面倒でも最初から郵送で息子本人の署名押印のある贈与契約書を取り交わしておくことをお勧めします。

Q11

私の財産をAさんにあげるという贈与の合意はしたものの、その後、Aさんとの関係が一変してしまったので、合意をなかったことにしたいのですが…。

A11

贈与契約書を交わしておらず、かつ、贈与の対象財産を渡す前であれば、特に理由がなくても、いずれの当事者からも贈与契約を解除して初めからなかったことにできます（民法550条）。

民法550条（書面によらない贈与の解除）
　書面によらない贈与は、各当事者が解除をすることができる。ただし、履行の終わった部分については、この限りでない。

一方、契約書を取り交わした後か、財産の引渡し後であれば、贈与契約の解除はできません。

恋人との別れ際に「これまでプレゼントした物を返して」などと言う人が時々いるようですが、法的にはそのような請求はできないものと心得ましょう。

2　いろいろな贈与

(1)　負担付き贈与

負担付き贈与とは、あげる側がもらう側に対して一定の法的義務を課したうえで贈与をすることを指します。この場合は、あげる側ともらう側がお互いに義務を負うことになるため、売買など対価の定められた有償の契約と同等に考えることができます（民法551条2項、553条参照）。

■負担付き贈与の書式例

第1条
　甲は、別紙物件目録（省略）記載の不動産を乙に贈与するものとし、乙はこれを承諾した。
第2条
　乙は、前条の贈与を受けた負担として、甲の配偶者であり乙の母親である○○を、その生存中、前条の不動産に無償で居住させなければならない。

(2) 条件付き贈与

条件付き贈与とは、ある条件が成就した場合に初めて効果が生じる贈与（停止条件付き贈与）や、ある条件が成就した場合に効果を失う贈与（解除条件付き贈与）を指します。

■停止条件付き贈与の書式例

> **第1条**
> 甲は、乙に対し、乙の第1子が生まれることを条件に金100万円を贈与するものとし、乙はこれを承諾した。
> **第2条**
> 甲は、前条の金員を、乙の第1子誕生から1か月以内に乙が別途指定する口座に振り込んで支払う。

■解除条件付き贈与の書式例

> **第1条**
> 甲は、乙に対し、別紙物件目録（省略）記載の田から獲れる米を毎年○俵贈与するものとし、乙はこれを承諾した。ただし、乙が○○県外へ転居したときにはこの限りではない。

《よくある質問》

Q12
負担付き贈与と停止条件付き贈与はどう違うのですか？

A12
負担付き贈与は、契約と同時に、あげる側ともらう側双方に義務が生じます。

停止条件付き贈与は、契約後、条件が成就した段階で初めて、あげる側に贈与の義務が生じます。もらう側はその条件を成就させる義務を負うわけではありませんし、もらう側の行為とは無関係の条件（例：天変地異など）をつけることもできます。

(3) 期限付き贈与

期限付き贈与とは、ある時期が来た時に初めて効果が生じる贈与（始期付き贈与）や、ある時期が来た時に効果を失う贈与（終期付き贈与）を指します。

■始期付き贈与の書式例

> **第1条**
> 甲は、乙に対し、乙が満18歳の誕生日（令和○年○月○日）から毎年○月○日に金100万円を贈与するものとし、乙はこれを承諾した。

■終期付き贈与の書式例

> **第1条**
> 甲は、乙に対し、乙の飼い猫である○○が亡くなるまでの間、毎月末日に3万円を贈与するものとし、乙はこれを承諾した。

《よくある質問》

Q13
条件と期限はどう違うのですか？

A13
条件は、成就するかどうかが不確実であるものを指し、期限は、到来することが確実なものを指します。

(4) 死因贈与・遺贈

このほか、今回のテーマである生前贈与に似た法律行為として、他に贈与者の死亡によって効力を生じる贈与である「死因贈与」（民法554条）や、遺言で財産を特定の人に取得させる「遺贈」（民法964条）というものがあります。

3 贈与と意思能力

(1) 意思能力とは

意思能力とは、自分のした法律行為の意味

や効果を認識して判断できる能力のことであり、これがない状態でなされた贈与などの法律行為は無効になります（民法3条の2）。贈与も法律行為の一種ですので、あげる側ももらう側も、贈与の合意をする時点で意思能力を備えていることが必要です。

精神疾患や認知症患者などが意思能力を欠く典型例とされますが、精神疾患や認知症の症状があるといっても、その軽重の程度はさまざまですし、あくまでその法律行為との関係で意思能力の有無が問題とされるため、たとえば認知症という診断を受けていても、
「10万円の贈与をするについては理解しており意思能力がある」
「複雑な金融商品の購入についてはその意思能力を欠く」
など、その法律行為によって意思能力の有無が異なるということもあり得るのです。

意思能力の有無が微妙なケースでは、1人で勝手に「意思能力があるから大丈夫」「意思能力がないから何もできず手遅れだ」と決めつけずに医師や弁護士など専門家の意見を聴いて慎重に検討するようにしましょう。

(2) 成年後見・任意後見と贈与

成年後見（法定後見）・任意後見は、後見人（成年後見人・任意後見人）を立てることによって、意思能力が十分でない人（被後見人）を保護し、その財産管理や身上監護を支援する制度です。

後見人は、被後見人の財産を好きなように処分できるわけではなく、後見監督人を通じるなどして家庭裁判所から一定の監督を受けます（民法863条、任意後見契約に関する法律7条）。

被後見人から誰かに贈与を行う（あげる）行為は、単純に被後見人の財産を減らしてしまう行為なので「原則としてできない」と考えてください。

「相続税の節税目的」の贈与であっても、それは被後見人の利益のためではなく、相続人の利益のための行為なので、上記の例外には当たらず「できない」といってよいでしょう。

一方、被後見人の財産であっても、維持費がかかりすぎてマイナスの財産と化しているが市場では換金できない、などの事情がある物については、第三者に無償で引き取ってもらうこと（贈与）も許される余地があるので、家庭裁判所に相談してみるとよいでしょう。

なお、被後見人が扶養義務を負っている家族（配偶者や子どもなど）へ生活費を渡すことは、贈与ではなく扶養義務の履行なので問題ありません（上記 **Q4** 参照）。

4　おわりに　〜笑顔相続と生前贈与〜

笑顔相続を迎えるためには、生前からいかに計画的な対策をしておくかが肝心です。生前贈与は相続税対策と遺産分割対策の両方にまたがった重要な手段ですから、その法的手続をおろそかにすることはできません。

適正かつ確実に生前贈与をおこなって、笑顔相続につなげましょう。

【執筆者略歴】
木野　綾子（きの　あやこ）

上級相続診断士、弁護士。
裁判官として13年間の勤務を経て、現在は西新橋で相続中心の法律事務所を開設。相続のプロの育成にも力を入れ、笑顔相続の普及に努めている。

非上場株式の生前贈与とそのポイント

税理士　**藤原　由親**

　非上場会社のオーナー経営者にとって、自社株式は悩み多き財産だ。なぜなら、自社株式の承継は「事業の承継」に直結するとともに、オーナー個人の相続にも大きな影響を及ぼすからだ。そして、その移転の手段として生前贈与が検討されることも多い。しかし、平成30年からの時限的な事業承継税制の緩和や、今般の相続時精算課税制度の改正、生前贈与加算期間の延長など、目まぐるしく変化する贈与税制の利用にあたり、どの手法がそのオーナー経営者にとって適当であるのか、判断に迷うケースも増えるだろう。そこで本項目では、自社株式の贈与における税制の選択肢と、それぞれの制度のメリット・デメリットを解説する。また、実際の適用にあたってのポイントも合わせて取り上げる。

1　オーナー経営者にとっての自社株式

(1)　自社株式の重要性

　非上場会社のオーナー経営者にとって、自社株式はその重要さゆえに悩みの多い財産です。非上場会社の多くはいわゆる「中小企業」ですが、中小企業の事業承継においては、後継者は「代表取締役」という会社法上の地位だけではなく、その会社のオーナー、すなわち大株主としての地位も併せて承継する必要があります。なぜなら、会社の最終的な意思決定権者は株主であるからです。

　取締役の選任・解任も株主総会の決議事項であるため、経営者自身が大株主でなければ、長期的な視野に立ち、安定的に経営をしていくことが難しくなります。また、中小企業の強みである迅速な経営判断もできなくなる可能性があります。したがって、自社株式の承継は事業承継そのものに直結する重要な経営課題といえます。しかし、自社株式を特定の後継者に一括して承継させようとすると、様々な問題も起こります。

　以下、生前に承継させる場合と相続時に承継させる場合に分け、その問題点について考察します。

(2)　生前に承継させる場合の問題点

　会社の業績が好調であれば内部留保が厚くなり、安定的な経営を行うことができます。もちろん、経営者にとっては喜ばしいことです。しかし、その一方で業績が好調な会社の株価は高騰していきます。自社株式を生前に無償で後継者へ承継させようとすると、自社株式は贈与税の課税対象となります。しかし、自社株式の株価が高騰している場合、その課

税対象額が多額となり、後継者に莫大な贈与税がかかります。また、有償で後継者へ自社株式を承継させる場合も、後継者はその評価額に見合う購入資金を準備しなければなりません。それらへの対応を考えると、いずれの場合も自社株式の承継のためには、株価が低いほうが好ましいということになります。

非上場会社の株価は、会社の業績が悪化すれば当然ながら下落します。そうすると、自社株式の承継のためには会社の業績も悪化したほうがよいという結論になります。もちろん、それは継続企業の前提からして本末転倒といえます。したがって、事業の継続のためには高株価が求められ、事業の承継においては低株価が求められることになり、そこにオーナー経営者のジレンマが生じます。

(3) 相続時に承継させる場合の問題点

後継者がオーナー経営者の親族である場合、その相続時に自社株式を承継させることも考えられます。しかし、生前の贈与や譲渡の場合と違い、相続の場面においては後継者以外の相続人が利害関係者として登場してきます。オーナー経営者の相続においては、自社株式が相続財産の大半を占めることも珍しくありません。一方で、自社株式は事業上の重要な財産であるため、後継者に一括して承継させるべきものといえます。しかし、後継者が自社株式を一括して相続すれば結果的に相続財産の大半を、その後継者が引き継ぐことになります。

そうすると、事業に関与していない相続人からは不公平があるように感じられ、スムーズな自社株式の承継に支障をきたす場合があります。加えて、自社株式は換金性の乏しい財産です。なぜなら、自社株式を換金するということは、一般的には自社株式を第三者へ売却することを意味するからです。それは、会社の経営権を手放すことに他なりません。

したがって、M＆Aなどにより事業自体を売却するような場合はさておき、通常の親族内承継においては、自社株式を売却して納税資金を捻出することはできないということになります。つまり、相続財産としての自社株式は、評価額が高いにもかかわらず換金することができないため、納税資金を別途準備しなければならないという、非常に厄介な財産になり得ます。

(4) 自社株式の承継方法としての生前贈与

① 生前贈与を選択する2つの要因

上記の問題点を総合的に検討した結果、自社株式を生前贈与するという選択がなされる場合も数多くあります。その選択に至る要因は大きく分けて2つあります。

1つ目は会社の経営判断として代表取締役を交代するという決断をした場合です。後継者が既に実質的な会社経営の責任者となっており、代表取締役という会社法上の地位を承継することによって名実ともに事業を承継させようとするような場合がこれにあたります。その際、会社のオーナーとしての地位も引き継がせるために、自社株式の贈与が検討されます。

2つ目は自社株式の株価が低くなっているタイミングで、後継者と見込まれる親族等に自社株式を贈与する場合です。業績が好調で将来的に自社株式の株価の高騰が見込まれるため、今のうちに自社株式を贈与しておこうとするケースや、コロナ禍などの特殊要因による一時的な業績悪化により株価が低くなっているため、そのタイミングをとらえて自社株式を贈与しておこうとするケースなどがあります。

2つ目の要因による場合、いずれも贈与による移転コスト、すなわち贈与税を抑えることを主な目的として行われることになります。そして、実務的には1つ目の要因と2つ目の要因が同時に発生している場合もあります。

したがって、自社株式を生前贈与することを選択するにしても、次のステップとして、いかなる制度を利用することが個々の事情に適切であるかを判断する必要があります。

② **生前贈与に共通する検討事項**

いずれの要因で生前贈与を選択するにせよ、共通することはオーナー経営者の「相続」も考慮しなければならないという点です。なぜなら、自社株式を贈与により無償で承継させようとする場合、その贈与先は親族であることがほとんどだからです。

第三者への承継である場合、一般的にはオーナー経営者の利益確定のために有償による自社株式の譲渡が行われます。逆に言えば、承継先が親族であるがゆえに対価を求めない「贈与」が選択されるわけです。その結果、贈与によって承継するのか、相続によって承継するのかいう事前の検討が求められることになります。つまり、自社株式の生前贈与にあたっては、相続で承継した場合のことも検討したうえでなければ、適切な贈与制度の選択になり得ないことになります。

そこで、以下では選択肢としての各贈与制度の特徴を記載するとともに、相続によって自社株式を承継した場合も含め、そのメリット・デメリットについて解説します。

2 暦年課税制度

(1) 制度の特徴

暦年課税制度の詳細については別稿に譲りますが、その特徴としては以下の点が挙げられます。

① 課税の対象となる期間を暦年（1月1日～12月31日まで）に区切り、暦年ごとに110万円の非課税枠（基礎控除額）があること。

② 非課税枠は贈与を受けた人ごとに年間110万円であり、贈与をする人ごとではないこと。

③ 非課税枠の未使用分は累積されず、翌年以降には持ち越されないこと。

④ 相続開始前3～7年（【注】参照：以下同じ）以内に贈与した財産については相続財産に持ち戻されること。

【注】贈与をした人の相続開始の時期により、持ち戻しの期間は以下の通りとなります。
・令和8年12月31日まで：相続開始前3年間
・令和9年1月1日～令和12年12月31日：
令和6年1月1日～相続開始日
・令和13年1月1日以降：相続開始前7年間

⑤ 相続開始前4～7年の贈与については、総額で100万円まで相続財産に持ち戻されないこと（令和6年1月1日以後の贈与について適用）。

これらの特徴を考慮すると、以下のメリット・デメリットが考えられます。

(2) メリット

① **相続財産からの切り離し**

暦年課税制度による贈与を行い、3～7年が経過すれば相続税の対象から切り離され、その財産に対する税額が確定します。したがって、贈与後一定期間が経過すれば、相続税率より低い税率で贈与をした財産については節税メリットが確定します。

また、同じく贈与後一定期間が経過すれば、年間110万円の非課税枠の範囲内で贈与した財産については、無税での移転が確定します。

② **非課税枠の活用**

暦年課税制度による贈与は、贈与を受けた人ごとに計算されるため、贈与を受ける人数を増やすことにより、非課税枠を増やすことができます。それにより、非課税枠を活用しつつ、推定被相続人の相続財産を短期間で減少させることができます。

また、110万円の非課税枠には累計による上限額はないため、計画的かつ長期的に活用することにより、節税効果が大きくなります。

⑶ デメリット
① 税率の上昇ピッチが速い

　贈与税も相続税と同じく、移転を受けた財産の評価額を基準とし、その評価額が高ければ高いほど、その高い部分に対してより高い税率が適用されるという「超過累進制度」により課税されます。そして、税率の上昇ピッチは相続税よりも贈与税の方が速くなり、4,500万円を超える贈与をした場合には、その超える部分について最高税率55％で課税されることになります（贈与を受けた年の1月1日において18歳以上の人が直系尊属から贈与を受ける場合）。

　したがって、特定の財産を特定の人に一括して贈与しようとする場合には、その贈与税額が、同じ財産を相続により取得した場合の相続税額よりも多額になるケースが多くなります。

② 非課税枠が小さい

　暦年課税制度による非課税枠は年間110万円であり、特定の人に多額の財産を無税で移転させるためには、長い期間を要することになります。したがって、例えば贈与をする人が高齢であり、長期間にわたり贈与をすることが想定しにくい場合には、無税での財産の移転が困難となります。

⑷ 適用のポイント

　オーナー経営者が自社株式を贈与する場合、贈与を受けるのは経営を承継する後継者であることが多いでしょう。事業が好調で自社株式の株価が高騰しているケースでは、その後継者に多額の財産が贈与されることになり、短期間で暦年課税制度によって移転しようとすると、その税負担も多額となります。したがって、実務上は、オーナー経営者が高齢でなく、比較的長期間の贈与が想定できる場合に、自社株式の贈与について暦年課税制度を選択するケースが多くなります。

　また、オーナー経営者の親族以外の第三者に事業を承継する場合、自社株式の贈与にあたって相続時精算課税制度の適用要件を満たすことができない（事業承継税制の特例措置を適用する場合を除く）ため、消去法的に暦年課税制度を選択せざるを得ないケースがあります。そのような場合は、その第三者である後継者が配当還元価額で贈与を受けることが可能な株数までは配当還元価額による低い株価で暦年課税制度により贈与するなど、計画的に生前贈与を行うことが必要になります。

3　相続時精算課税制度

⑴ 制度の特徴

　相続時精算課税制度の詳細については別稿に譲りますが、その特徴としては以下の点が挙げられます。

① 相続時精算課税制度により贈与した財産は、贈与をした人の相続時に、贈与をした人の相続財産に持ち戻されて相続税が計算されること。また、その持ち戻しに際し、相続時精算課税制度による贈与税は相続税から差し引かれ、精算されること。

② 持ち戻される財産の価額は、その財産の贈与時の価額であること。

③ 贈与をした人ごと、かつ、贈与を受けた人ごとに累計2,500万円までの特別控除枠があること。

④ 累計2,500万円の特別控除枠を超える贈与については、その超える部分について税率20％で贈与税が定率課税され、超過累進税率ではないこと。

⑤ 原則として、贈与をする人が贈与をする年の1月1日において60歳以上であり、贈与を受ける人が同日において18歳以上、かつ、贈与をする人の直系卑属である推定相続人又は孫である場合に限定して適用されること。

⑥ 贈与を受けた人ごとに年間110万円までの非課税枠があること（令和6年1月1日

以後の贈与について適用）。

⑦　年間110万円の非課税枠内の贈与については、贈与をした人の相続財産に持ち戻されないこと。

⑧　相続時精算課税制度を選択すると、その人からの贈与については暦年課税制度には戻れないこと。

　これらの特徴を考慮すると、以下のメリット・デメリットが考えられます。

(2)　メリット

①　特別控除枠が大きい

　相続時精算課税制度は特別控除枠が累計で2,500万円まであるため、多額の財産を一括して贈与する場合に適しています。さらに、2,500万円を超える部分についての贈与税は20％の定率課税であるため、暦年課税制度による贈与に比べ、贈与時の税負担を軽減することができます。

②　相続を待たずに財産移転が可能

　相続財産が相続税の基礎控除額（3,000万円＋600万円×法定相続人の数）以下であることにより相続税がかからない人については、相続時に財産を引き継げば無税での移転ができることになります。

　しかし、何らかの事情で相続前に贈与しておきたいという財産がある場合、その財産は贈与税の課税対象となり、無税での移転ができなくなることが考えられます。そのような場合でも、価額が2,500万円までの財産であれば相続時精算課税制度を利用することで無税での移転が可能になります。その財産は贈与をした人の相続時に、贈与をした人の相続財産として持ち戻されることになりますが、そもそもの相続財産が相続税の基礎控除額以下である場合、持ち戻しがされても相続税はかかりません。その結果、相続を待たずに財産を移転することができ、かつ、移転に対する税負担もないことになります。

③　贈与時の価額で精算される

　相続時精算課税制度により贈与された財産は、その財産を贈与した人の相続財産に持ち戻されますが、持ち戻される価額はその財産の贈与時の価額です。一方で、相続時精算課税制度を利用せずに相続を迎えた場合、その財産は相続財産となり、相続時の価額で評価され、相続税が計算されることになります。

　したがって、贈与時より値上がりが見込まれる財産については、相続時精算課税制度を利用し、生前に贈与を行うことで、持ち戻しの際の価額を贈与時の価額に固定することができます。つまり、相続時までに値上がりした部分については、相続税も贈与税もかからないことになります。結果的に相続時精算課税制度を利用しなかった場合に比べ、相続税の負担を軽減することができます。

④　特別控除枠の活用

　相続時精算課税制度は贈与をした人ごと、かつ、贈与を受けた人ごとに累計2,500万円までの特別控除枠があります。したがって、特定の人に贈与をする場合、贈与をする人数を増やすことにより、特別控除枠も2,500万円ずつ増やすことができます。

⑤　非課税枠の活用

　令和5年度の税制改正により、暦年課税制度と同様、相続時精算課税制度にも年間110万円までの非課税枠（基礎控除額）が創設されました（令和6年1月1日以後の贈与について適用）。

　また、年間110万円の非課税枠内の贈与については、贈与をした人の相続財産への持ち戻しはありません。暦年課税制度であれば相続開始前3～7年以内に贈与した財産は相続財産に持ち戻されますが、相続時精算課税制度の非課税枠についてはその対象になりません。したがって、110万円以内で贈与した財産については無税での移転が確定します。

　また、110万円の非課税枠には累計による上限額はないため、計画的かつ長期的に活用

することにより、節税効果が大きくなります。

(3) デメリット
① 暦年課税制度への変更不可
いったん、相続時精算課税制度を選択した場合、その人からの贈与については暦年課税制度に戻ることはできません。したがって、暦年課税制度による場合と相続時精算課税制度による場合を比較し、それぞれのメリット・デメリットを確認したうえで、相続時精算課税制度を利用するかどうかを慎重に判断する必要があります。

② 相続財産への持ち戻し
相続時精算課税制度を選択した場合、その選択をした年分以後の非課税枠を超える部分の贈与については、すべての財産が贈与をした人の相続財産に持ち戻されます。暦年課税制度のように相続開始前3～7年以内の贈与という持ち戻し期間の限定はありません。

したがって、贈与時点から相続が予想される時期までの期間が長い場合には、暦年課税制度を選択するほうが有利となるケースがあります。また、現金贈与など、贈与をした財産を相続時までに費消してしまうことが考えられるような場合には、相続時においてすでに費消してしまった財産が相続財産に持ち戻され、その財産に対して相続税が課税される結果となり、納税資金が不足するというケースがあります。

(4) 適用のポイント
オーナー経営者が自社株式の贈与を検討するにあたって、相続時精算課税制度は有力な選択肢となります。令和5年度の税制改正により、さらに使い勝手がよくなったといえるでしょう。

オーナー経営者が自社株式を贈与する場合、贈与を受けるのは経営を承継する後継者であることがほとんどです。そして、事業が好調で自社株式の株価が高騰しているケースでは、その後継者に多額の財産が贈与されることになり、短期間で暦年課税制度によって移転しようとすると、その税負担も多額となります。

オーナー経営者が高齢でなく、比較的長期間の贈与が想定できる場合には、暦年課税制度を選択することも考えられます。しかし、オーナー経営者が自社株式の贈与を検討するタイミングは、そのオーナー経営者が自身の引退を意識し始める60歳代後半からであることがほとんどです。したがって、長期間の贈与は想定しづらいケースが多くなります。

そこで、累計2,500万円まで特別控除枠がある相続時精算課税制度が選択肢として検討されることになります。相続時精算課税制度は贈与をした人ごと、かつ、贈与を受けた人ごとに累計2,500万円までの特別控除枠があります。したがって、例えばオーナー社長である父と、株主である母から後継者である子に自社株式を贈与しようとする場合、父と母、両方からの贈与について相続時精算課税制度を選択すれば、最大で2,500万円×2人＝5,000万円の特別控除枠を活用できることになります。

もちろん、その場合、贈与を受けた自社株式はオーナー社長や母の相続時に、それぞれの相続財産に持ち戻されることになります。ただし、その持ち戻される価額は贈与時の価額です。事業が好調で将来的に自社株式の値上がりが予想される場合、その値上がり分は相続財産を構成しないことになります。

また、後継者である子に代替わりすることにより、より一層業績が好調となれば、その分、節税効果が増大します。後継者にとっては自分の経営手腕次第によって将来支払うべき相続税が軽減されることになり、後継者のモチベーションアップにつながるとともに、「事業の継続のためには高株価が求められ、事業の承継においては低株価が求められる」というオーナー経営者のジレンマから解放されることになります。

なお、実際に自社株式の贈与を行う際には、その時点の株価が低い方が節税効果は高くなります。代表取締役の交代に伴い自社株式を贈与するような場合には、先代のオーナー経営者に役員退職金を支払うことにより、一時的に特別損失が発生するケースがあります。結果として自社株式の株価も低くなれば、代表取締役の交代による事業承継のタイミングは、相続時精算課税制度による自社株式の贈与にも適したタイミングとなります。

4　事業承継税制

⑴　制度の特徴

事業承継税制（非上場株式等についての贈与税・相続税の納税猶予及び免除）は、一定の要件を満たす後継者が、「中小企業における経営の承継の円滑化に関する法律」の認定を受けている非上場会社の株式を、一定の要件を満たす先代経営者等から贈与又は相続により承継した場合に、その非上場株式を承継する際の贈与税・相続税について、一定の要件のもとに納税を猶予し、その後継者の死亡等により、猶予されている贈与税・相続税が免除される制度です。

平成30年度の税制改正において、それまでの措置に加え、特例措置として平成30年１月１日から令和９年12月31日までの10年間の贈与や相続について、納税猶予の対象となる株式数の制限（発行済議決権株式総数の３分の２まで）の撤廃や、相続税の納税猶予割合の引上げ（80％から100％へ）等が創設されました。

自社株式の「贈与」におけるこの制度（特例措置）の特徴としては、以下の点が挙げられます。

なお、事業承継税制には、非上場株式を対象とする「法人版事業承継税制」と、個人事業者の事業用資産を対象とする「個人版事業承継税制」がありますが、本稿では「法人版事業承継税制」のうち、とくに特例措置について取り上げます。また、「法人版事業承継税制」の特例措置は、最大３人までの後継者について適用がありますが、本稿では後継者が１人である場合について解説します。

① 　自社株式を後継者へ承継する際の贈与税が猶予されること。

② 　贈与時までに、必ず先代経営者から後継者に代表権をわたす必要があること。

③ 　後継者は贈与時まで引き続き3年以上にわたり、その非上場会社の役員であること。

④ 　贈与後の後継者の持株数が発行済議決権株式総数の３分の２に達するまでは、先代経営者が所有するすべての自社株式を一括して贈与する必要があること。

⑤ 　特例措置の適用を受けるためには、事前に都道府県知事に特例承継計画を提出し、確認を受ける必要があること。

⑥ 　贈与後も継続して年次報告書・継続届出書の提出が必要であること。

⑦ 　特例承継計画には提出期限があり、制度自体にも適用期限があること。

⑧ 　後継者が代表権を有しなくなった場合や自社株式を売却した場合等、適用要件を満たさなくなった場合は、猶予されていた贈与税と、それに伴う利子税を納付しなければならないこと。

⑨ 　先代経営者の死亡等により猶予されていた贈与税が免除されること。

⑩ 　先代経営者の死亡により猶予されていた贈与税が免除された場合でも、贈与した自社株式は先代経営者の相続財産に持ち戻され、相続税の納税猶予制度の対象となること。

⑵　メリット

①　自社株式の贈与の際の税負担がない

自社株式の株価が高騰している場合、その自社株式を生前に無償で後継者へ承継させようとすると、後継者に莫大な贈与税がかかり

ます。しかし、贈与税の納税猶予制度を適用
することができれば、贈与時の税負担なく一
括して自社株式を承継させることができます。

② **先代経営者以外の株主からの贈与にも適用がある**

中小企業においては、先代経営者以外の親
族や第三者が自社株式を所有していることも
多々あります。代表的なのは、長年、会社の
役員として先代経営者を支えてきた妻が自社
株式を所有しているケースです。

そのような場合にも、一定の要件を満たせ
ば先代経営者の妻からの贈与についても、贈
与税の納税猶予制度の適用を受けることがで
きます。後継者が先代経営者の子であれば、
その後継者は、自分の父からだけでなく、母
からも贈与時の税負担なく一括して自社株式
の贈与を受けることができます。

③ **直系尊属以外からの贈与についても相続時精算課税制度の適用がある**

相続時精算課税制度は、原則として、贈与
をする人が贈与をする年の1月1日において
60歳以上であり、贈与を受ける人が同日に
おいて18歳以上、かつ、贈与をする人の直
系卑属である推定相続人又は孫である場合に
限定して適用されます。しかし、事業承継税
制の特例措置を適用する場合には、直系尊属
以外の者からの贈与についても適用が可能で
す。

したがって、先代経営者の親族以外の第三
者が自社株式を承継する場合にも、その自社
株式の贈与について相続時精算課税制度を適
用することができ、暦年課税制度による贈与
に比べ、贈与税の猶予税額を減少させること
ができます。

(3) デメリット

① **あくまで納税猶予であり、贈与時点では免除されない**

贈与税の納税猶予制度は、自社株式の贈与
後も継続的に一定の要件を満たすことで猶予

が認められます。したがって、贈与時点で納
税の免除が確定しているわけではなく、あく
まで猶予されている、すなわち納税を待って
もらっているにすぎません。適用要件を満た
さなくなった時点で納税しなければならない
という点においては、納税猶予制度は納税の
「先送り」ともいえるでしょう。

そして、自社株式を贈与した先代経営者の
死亡や、自社株式の贈与を受けた後継者の死
亡により、猶予されていた贈与税は免除され
ます。しかし、自社株式に対する課税は死亡
した人の相続税に引き継がれます。納税猶予
を続けるには、今度は相続税の納税猶予制度
の適用要件を満たすことが必要となります。
したがって、贈与時点の税負担がないからと
いって安易に適用すべきではありません。

適用を検討する際には「いずれは支払わな
ければならない税金の先送り」との認識のも
と、慎重な判断が必要です。

② **贈与後も一定の要件を満たす必要がある**

贈与税の納税猶予制度は、後継者が代表権
を有しなくなった場合や自社株式を売却した
場合等、適用要件を満たさなくなった場合に
は、その全部又は一部の適用が終了します。
したがって、それらの要件の適否が会社の経
営判断に影響を及ぼすことになります。

例えば、贈与税の納税猶予制度の適用を受
けて自社株式を承継した後継者が、より一層
の事業拡大を意図し、M&Aにより大企業
に自社株式を売却しようとしたとしましょう。

その場合、後継者は原則として売却する自
社株式に対応する部分の猶予税額を納付しな
ければならなくなります。その納税コストを
考慮した結果、M&Aを取りやめざるを得な
いケースもあるでしょう。したがって、納税
猶予制度の適用にあたっては、細部にいたる
まで適用要件をチェックし、将来の経営判断
に影響を及ぼす可能性を十分に検討したうえ
で判断をする必要があります。

③ **期間的な制限がある**

事業承継税制の特例措置は、令和9年12月31日までの贈与や相続に限って適用されます。したがって、自社株式の贈与にあたって、適用期限までに後継者が見つからない場合や、後継者が引き続き3年以上にわたり、その非上場会社の役員に就任していない場合は適用を受けることができません。

④ 贈与時点で実質的な事業承継が求められる

贈与税の納税猶予制度の適用を受けるためには、先代経営者は一括して自社株式を後継者に贈与し、代表権も渡す必要があります。したがって、先代経営者は実質的に経営権を失うことになり、心理的な抵抗が生まれる場合があります。

また、後継者が事業を承継するには時期尚早と判断される場合は、経営判断として適用を見送らざるを得ないケースがあります。

⑤ 贈与後も継続的に手続きが必要

贈与税の納税猶予制度の適用を受けるためには、贈与後も原則として毎年5年間は都道府県知事に対して年次報告書を、所轄税務署長に対しては継続届出書を一定の添付書類（会社の定款や株主名簿、従業員数証明書等）とともに提出する必要があります。5年を経過したのちも、所轄税務署長に対しては3年ごとに継続届出書を提出する必要があります。

この継続届出書の提出がない場合には、猶予されていた贈与税と、それに伴う利子税を納付しなければならないため、厳密な社内管理が必要となります。

(4) 適用のポイント

事業承継税制は、一定の適用要件を満たせば自社株式の贈与時に税負担が発生しないという点で大きなメリットがあります。しかし、贈与後も原則として事業を継続していくことが求められ、適用要件を満たすことができなければ、猶予されていた贈与税と、それに伴う利子税を納付しなければなりません。

したがって、自社株式を承継する際の税負担を賄えるだけの資金がある場合は、安易に適用すべきではありません。また、継続的な事業承継が求められるため、可能であれば後継者の次の代までの承継が見込める状況が望ましいでしょう。

さらに、贈与後の年次報告書や継続届出書の手続きも会社にとっては負担となります。したがって、贈与税の納税猶予制度については、例えば、相続時の自社株式の承継に対する納税資金が圧倒的に不足する場合で、今後も自社株式の株価の高騰が見込まれる場合等に限り、適用を検討すべきでしょう。

5 まとめ

以上の点を考慮すると、オーナー経営者から後継者への自社株式の贈与にあたっては、それぞれの状況に応じ、以下のような贈与税制の選択が利用の目安となるでしょう。

なお、いずれのケースもオーナー経営者が相続税の申告及び納税が必要である場合を想定しています。

また、以下の内容はあくまで例示であり、その結果を保証するものではありません。実際の適用にあたっては、必ず税理士等の専門家のアドバイスを受けるようにしましょう。

(1) オーナー経営者が高齢でなく、比較的長期間の贈与が想定できる場合

まずは、暦年課税制度による贈与を長期的に継続して行うことが検討されます。暦年課税制度における非課税枠の活用により、贈与後3～7年が経過すれば、贈与した自社株式を相続財産から切り離すことができるからです。ただし、後継者が決まっていない段階で、むやみに自社株式を親族にばらまくような贈与は控えるべきです。

後継者が決まったのちに、その後継者に集中的に自社株式を贈与するようにしましょう。

また、オーナー経営者の相続税が多額になると予想される場合には、生前にオーナー経営者の相続税を試算し、その相続税率と比較して、より低い税率による贈与を心がけましょう。

⑵　オーナー経営者が高齢で、株価の高騰が予想される場合

相続時精算課税制度による贈与が検討されます。相続時精算課税制度を利用することにより、相続時の自社株式の評価額を贈与時の評価額に固定することができます。

また、累計2,500万円までの特別控除枠があるため、暦年課税制度に比べて贈与税の負担を軽減しつつ自社株式を一括して贈与することができます。親族内承継において、オーナー経営者から後継者への代表取締役の交代時に利用が検討されるケースが多いでしょう。

⑶　オーナー経営者が高齢で、株価の下落が予想される場合

株価の下落が予想される場合には、贈与時ではなく、相続時に自社株式を承継することが検討されます。生前にオーナー経営者の相続税を試算し、その財産構成と相続税率を考慮したうえで、自社株式以外の財産を生前贈与する等の相続税対策に取り組めばよいでしょう。

⑷　自社株式に対する納税資金が賄えず、株価の高騰が予想される場合

自社株式の承継に対する納税資金が圧倒的に不足する場合で、今後も自社株式の株価の高騰が見込まれる場合には、贈与税の納税猶予制度の利用が検討されます。

このようなケースでは、相続財産に持ち戻される際の自社株式の株価を、少しでも低い状態で固定したほうがよいからです。ただし、贈与税の納税猶予制度にはデメリットもあるため、その適用にあたっては慎重な判断が必要です。

⑸　自社株式に対する納税資金が賄えず、株価の下落が予想される場合

自社株式の承継に対する納税資金が圧倒的に不足する場合で、今後は自社株式の株価の下落が見込まれる場合には、相続税の納税猶予制度の利用が検討されます。納税猶予制度を利用せざるを得ない場合でも、自社株式の株価が下落し、少しでも猶予税額を抑えられる状態で適用を受けるほうがよいからです。

ただし、相続税の納税猶予制度にはデメリットもあるため、その適用にあたっては慎重な判断が必要です。

【執筆者略歴】
藤原　由親（ふじわら　よしちか）
税理士法人アクセス 代表社員。相続・事業承継専門の税理士。
個人の相続税対策から社長の事業承継対策まで幅広い知識と経験を持ち、現在までの相続相談件数は2,000件を超える。弁護士・司法書士・行政書士・土地家屋調査士との士業連携を行うことで、税務対策のみならず、様々な相続案件に対応している。その経験を活かし、近年は士業の枠にとらわれない相続コンサルタントの養成にも精力的に取り組んでいる。

郵便局での気軽な
終活・相続相談を推進

日本郵便株式会社 地方創生推進部長　原田賢一郎

　日本郵便株式会社では、終活紹介サービスの試行エリアを拡大し、オンライン相続相談の試行も開始するなど、終活・相続関連サービスを進めている。日本郵便株式会社地方創生推進部長の原田賢一郎氏に、現状と今後のビジョンを聞いた。

■専門家につなげるための窓口として

　——日本郵便は今後、さまざまな相続関連業務に進出されるとのことですが、現在は終活紹介サービスを展開されていますね。

　当初は東京のごく一部の地域で展開していましたが、その後拡大して、現在は、北海道、関東、東京、南関東の4支社のあわせて約6,000の郵便局で展開しています。実際にサービスを提供しているのはこれら4つの支社管内の郵便局でということになりますが、そこでサービスを試行している状況です。現在展開している基本的なサービスですが、各郵便局にパンフレットやチラシなどを置いて、まずこういうサービスがあることをご案内しています。それをご覧になったお客さまから、フリーダイヤルでコールセンターへ電話していただき、コールセンターで様々なお悩みごとやご事情を伺います。なお、この段階で問題が解決するお客さまも相当数おられます。

　ただ、家財はどうするのか、これを子どもたちに引き継ぐわけにはいかないのでどうしたらよいだろうかなどなど、様々なお悩みが生じてきますので、そうしたお悩みをしっかりと整理したうえで、提携している士業や介護施設などの専門家をご紹介しています。

　特に相続絡みでは、お客さまが具体的に何をどうなさりたいのか、何をすればよいのかお困りのケースも多くあります。そのようなお客さまに対して、いきなり士業をご紹介するのではなく、相続にある程度くわしく、相続の関連資格などの一定の専門性も有している私どもの社員が電話などで対応するサービスを提供しています。

　——関連資格などの一定の専門性というのは、具体的には例えばどのような資格ですか？

　もともとファイナンシャルプランナーの資格などを持っている職員がいましたので、相続の専門家である相続診断士等の試験を受けて資格を取得してもらいます。

　各郵便局の社員は地域の実情を熟知していますので、地域の方々のお困りごとについて対応するというのは、ごく自然なことなのです。

　——専門家につなげる話なのか、この場で解決する話なのかという、仕分けをされているということですね。

　基本的にはコールセンターへお客さまが問合せをして、そこですべてのお悩みを伺うのですが、相続に関しては相談したいことの核心があいまいな相談が多く、身の上話にとどまるものも少なくありません。

今ある家財をどうしようか、介護はどうしようか、あるいは自分が亡くなった後の相続をどうしようかなど、何をしてよいのかわからない方が大多数です。そういったもろもろについて、「まずは誰かに少し相談したい」というニーズが少なからずあるのだと思います。今は電話で相談をお受けしていますが、コールセンターに電話するのは少し敷居が高いという方もいるので、それについては郵便局まで来ていただければ、代わりにコールセンターに電話をします。とにかく、一貫してお客さまに寄り添うという姿勢のサービスだと自負しています。

■盛況となる相続マーケットの中で

——平成27年の税制改正で相続税の基礎控除が引き下げられ、それまで弁護士や税理士が行っていた相続ビジネスが、他の業種にも広がっていったわけですが、日本全国をカバーしている郵便局で相続に関するサービスを提供することは非常に親和性があると思われます。相続のマーケットについては、どのように捉えていますか。

今後マーケット的には、量的にも質的にも非常に拡大するだろうということは、当然認識しています。現時点ではまだ紹介業務がメインですが、終活について、弊社が何か直接お手伝いできないだろうかという思いがあります。先ほどから、生前の家財の整理や介護なども取り上げているのはそのためです。

「終活」というのは造語です。ある論文によれば2009年の週刊誌の連載で使われたのがきっかけになって広まった言葉だそうですが、そこにはこうした言葉が登場した時代背景があったはずです。その一つとして、1980年代後半からの少子・高齢化や、核家族化など家族のあり方に伴う変化、具体的にいうと、お年寄りの単身世帯やお年寄りだけの世帯が非常に増えたことがあげられるでしょう。もう一つは、これまでは地域のコミュニティというものが、少なくとも地方部では

強く存在したはずなのに薄れてきていることがあると思います。

これらの大きな流れの中で、身寄りのないお年寄りの世帯や、身寄りはあっても親族が離れたところにいて将来のことをなかなか相談できないお年寄りの世帯が、例えばお墓のこと、その前の葬儀のことなどについて、危機感を強くお持ちになってきているということではないでしょうか。

そのような中で、まさに相続診断協会でも取り上げておられるエンディングノート、終活ノートも、世の中に普及するようになってきています。その必要性が高まっているのも、先ほど述べたような世の中の大きな背景があるからだと思います。

このような問題を、現在では私事と捉える向きが依然あるようですが、私たちは社会全体で解決すべき課題だと考えています。弊社は株式会社ではありますが、政府との関係の深い法律により設立された特殊会社という立場ゆえに公益性を発揮することも求められています。そのような社会的な課題を解決する使命をもつ存在という面でお役に立てればと、そういうつもりで取り組んでいます。

——「紹介業務からのスタート」とのお話でしたが、今後さらに進出を予定しているサービスがありましたらお聞かせください。

直近でいうと、来年、相続登記の義務化が施行されます。そうすると、やはり相続した不動産をどうにかしたいなどといった相談が

増えてくるのではないかと思います。そこで、相続登記の義務化と住宅の解体やリフォームなども絡めて、サービスを拡大していくことも考えられると思います。そういうものについても現在検討している状況です。

——相続登記については、おそらく地方に行けば行くほど、未登記の土地が多いのでしょうね。

倒壊の危険がある空き家を市町村行政が介在して、法律に基づいて除却することも現在では可能なわけですが、実際に本来の所有者は誰なのかということは、登記でしか確認する術がありません。所有者が誰だかわからない、どこにいるかわからない、これらの問題を解消するための義務化が来年の4月から始まるわけです。

——郵便局が終活・相続関連のサービスに進出するということになると、金融界ではかなりのインパクトではないかと思うのですが。

弊社の主要事業はいうまでもなく郵便・物流ですが、それに加えて、ゆうちょ銀行やかんぽ生命から業務を受託して、それらのサービスを地域の方々にも丸ごとお届けしている企業でもあります。日本全体で高齢社会の進行に伴い、相続トラブルや認知症患者の増加など、様々な社会課題が顕在化しています。その一方で、金融機関から現在一般的に提供されているサービスは、WEBでの受付のみに限られていたり、利用料が高額であったりするなど利用者が限定されているケースが多いかと思います。このような現状を踏まえ、郵便局で地域の方々の誰もが無償で一定レベルの相談を受けることのできるサービスに取り組むことは、社会的にも大いに意義があると考えています。

■終活につながるさまざまなサービス

——現在、紹介サービスとは別に、「みまもり訪問サービス」も行っているということですが、これもいわば終活サービスにつながっていくのでしょうか？

「みまもり訪問サービス」は、主にお一人で住んでいるような高齢者のお宅を郵便局の職員が毎月1回訪問し、その様子を写真付きの報告書でご家族などにお知らせするというものです。もう一つ、現在試験的に行っているサービスとして「空き家のみまもりサービス」があります。これは、空き家について現状の外観や戸締りがどうなっているのかを確認するものですが、実際に家の中に入って、ちょっと通風をしたり、水がきちんと出るかなどを確認することも可能です。

現時点ではこれらのサービスを終活紹介サービスと直接関連させるようなことまでは行っていませんが、先ほども申し上げたとおり高齢者が増えており、その中でも単身、あるいは高齢者だけの世帯が増えています。そういった方々がやがて介護施設に入所して空き家になってしまったりすると、遠方にお住まいのご家族が心配になってしまいます。そうしたことも視野に入れて、サービスを提供しています。

このようなサービスと終活紹介サービスとのつながりについては、社会的なニーズを捉えながら、弊社としてできることはないかと試行錯誤している状況です。

——「みまもり訪問サービス」や「空き家のみまもりサービス」から入って、次の段階で終活紹介サービスにつなげる、と。

お客様としては、当然そういうニーズも出てくると思います。ご本人でなくてもご家族が郵便局に立ち寄ってパンフレットなどを見て、「こんなサービスがあるんだ」ということに気づかれることもあるかと思います。

終活紹介サービスとの絡みで申し上げると、弊社から「終活紹介サービスというものがありますよ」、「相続のことで困っていませんか」といったことを積極的に申し上げることはなかなかできません。事の性質上、非常にデリケートな話題ですので、そのあたりの取扱いについては気をつけなければいけないと思っています。

―― 「空き家のみまもりサービス」というのは、ビジネスとして展開している業種は、他にあまりないのではないですか?

もともと高齢者を見守る「みまもり訪問サービス」を提供していたところ、空き家が増えて社会的な問題になりつつあるので、見守る対象を空き家に変え、社会の課題解決や空き家の所有者が実施している物件管理にかかる手間の解消にお役立ちできるのではと考え、試行サービスとして提供しています。

―― 空き家はこれからどんどん増えていくと思います。そこから**相続**が絡んで、さまざまなビジネスにつながっていくかと。

可能性は非常にあると思っています。手探りの状況ではありますが、関連するマーケット、あるいは業界を調査して分析しながら、どのようなビジネス、どのような新分野に展開できるかを模索しているところです。

■一般の方が気軽に立ち寄れる存在に

―― 最後に、相続についてどのような思いをお持ちでしょうか。

個人的な話になりますが、私には80代の一人暮らしの母がいます。自宅の近所に住んでいるのですが、衣類など多くのものを持っています。母にとっては思い出深いものがたくさんあるわけです。本人も徐々にそれらを整理しなければいけないと思っていますし、相続についても何をどうすればよいのか考え

なければいけないと思っているようで、時々親子の間で話をすることもあるのですが、私の方から積極的にこれをした方がいいよということは言いづらいのが実態です。

このような親子の方は多いのではないかと思います。また、相談できる方が身近にいないお年寄りもいるでしょう。そうした方々に対して、様々なもめごとや紛争が後々起こらないように、ご本人やご遺族などが悩んだり苦しんだりすることを減らすことができれば、と思っています。

弊社の終活紹介サービスは、まだ緒についたばかりです。今後、全国にサービス提供エリアを広げ、サービス内容もさらに充実させるなど、大いに改善をしていかなければならない点が多々あります。

最後に、相続診断士の資格は、弊社も活用させていただいています。やはり資格を持っている方が増えるというのは、世の中にとって良いことだと思います。富裕層の方は信託銀行など専門の金融機関に行けば相談に乗ってもらえますし、デジタルにくわしい人は終活に関する情報をインターネット経由でいくらでも見つけられるでしょう。ただ、そうではない人はどうするのか。弊社のお客さまはどういう方々なのかというと、主に後者の方々です。それゆえ富裕層ではない、ごくごく一般の方々が気軽に立ち寄って相談できるような環境こそが、郵便局には求められているのだと思います。

原田　賢一郎（はらだ　けんいちろう）

■東京都小平市出身。東京大学法学部卒業後、1993年、自治省（現・総務省）に入省。千葉県交通計画課長や東北大学公共政策大学院・法学部准教授、三重県菰野町（こものちょう）副町長、内閣府地方分権改革推進室企画官、北海道大学公共政策大学院教授、宮崎市副市長、関西学院大学法学部教授などを経て、現在、日本郵便株式会社地方創生推進部長。

生命保険を活用した生前贈与・相続対策

税理士　染宮　勝巳

1　生命保険をどのように、生前贈与・相続対策に活用するか

生命保険は人間の命に関わる唯一の商品といえます。相続が開始した時に、保険金として相続人等に残されることになり、相続人等にとっては、相続開始までは見えない財産が、相続開始により現実に保険金として現れることになるのです。それゆえ、生命保険を上手に活用することは相続対策として、非常に重要なのです。

生命保険契約は「契約者」「被保険者」「受取人」が誰であるかにより、保険金に対してかかる税金が、「相続税」「所得税・住民税」「贈与税」と異なるので、注意が必要です。

また、令和5年度の税制改正により、生前贈与に関する規定が大きく変わりました。したがって、今までとは生命保険の活用方法にも違いが出てきますので、注意が必要です。

まずは基本となる「死亡保険金」に対する課税関係を説明し、その後に「令和5年度税制改正」後における生命保険を活用した方法について述べていきます。

2　死亡保険金に対する課税

■死亡保険金に対する課税関係

「死亡保険金」は、その契約の「契約者」「被保険者」「受取人」が誰かによって課税関係が異なります。

死亡保険金にかかる税金について注意すべきなのは「契約者」ではなく、実際の「保険料負担者」が誰かによって課税関係が異なってくる点です。通常は「契約者」＝「保険料負担者」ですが、異なることがあるので必ず確認することが必要です。

【生命保険の課税3つのパターン】
① 「契約者＝被保険者」の場合
　→「相続税」が課税
② 「契約者＝受取人」の場合
　→「所得税」が課税
③ 「契約者、被保険者、受取人」が異なる場合
　→「贈与税」が課税

死亡保険金に対する課税関係は、次頁の表のようになります。

⑴　パターン①「相続税」が課税
パターン①の保険金の受取人が妻の場合、妻には「相続税」が課税されます。

■死亡保険金に対する課税関係

	パターン①	パターン②	パターン③
契約者	夫	子ども	妻
被保険者	夫	夫	夫
受取人	妻	子ども	子ども
税金の種類	相続税	所得税・住民税	贈与税

（注）「契約者」と「保険料負担者」が同じとする

　「死亡保険金」には「法定相続人一人当たり500万円」の非課税金額が認められます。

　例えば、法定相続人が3人いる場合には、500万円×3人＝1,500万円が非課税になります。この非課税金額は、死亡保険金を取得した法定相続人が取得した保険金により按分されます。

(2) パターン② 所得税・住民税が課税

　パターン②の保険金には、受け取った「子ども」に対して「所得税・住民税」が課税されます。この所得は「一時所得」に該当します。一時所得には「特別控除」（最大50万円）が認められます。

　「一時所得」の課税方法は、下記の算式の通りです。

課税所得＝{（死亡保険金－払込保険料）－50万円※}×1／2

所得税＝課税所得×所得税・住民税の税率

※　受け取った保険金以外に一時所得がない場合に、最高で50万円

(3) パターン③ 贈与税が課税

　パターン③の保険金には、受取人の子どもに対して「贈与税」が課税されます。

　「契約者」「被保険者」「受取人」がすべて異なる場合に、受取人には贈与税が課税されます。

3　保険料贈与プラン

　死亡保険金は「みなし相続財産」として、相続税が課税されます。「資産家」で多額の相続税が課税される場合、「相続税」よりも「所得税」の「一時所得」の課税を受けた方が有利になる場合があります。

　そこで、被相続人は子どもや孫に現金を「贈与」し、子どもや孫が生命保険に加入する方法を選択する場合があります。この方法は「保険料贈与プラン」と呼ばれています。「保険料贈与プラン」により子どもや孫が受け取る「保険金」は「一時所得」になります。

　「一時所得」は、以下のことが可能となります。

① 　保険金から払込保険料を引くことができる

② 　50万円を控除できる

③ 　払込保険料と50万円を控除した金額を1／2できる

　計算式であらわすと次の通りです。

一時所得に対する課税＝
{（保険金－扱込保険料）－50万円※}×1／2

※　受け取った保険金以外に一時所得がない場合に、最高で50万円

贈与税の「基礎控除110万円」の現金を生前贈与すると、贈与税はかからず相続財産を減らすことができます。そして、その現金を保険料に当てると、死亡保険金を取得することができ、その保険金は「一時所得」になるのです。相続税が高額な「資産家」には、この「保険料贈与プラン」は人気のあるプランです。

ただし、保険料分の現金を贈与した場合には、次のような証拠をきちんと残しておくことが必要です。

【贈与の証拠について】
●贈与契約書の作成をする
・毎年贈与した時に、その都度贈与契約書を作成する
●贈与の証拠を残す
・贈与は銀行口座等を通じて行い、必ず証拠を残す
●贈与財産の管理
・贈与財産は、受贈者自身が自由に使えるようにする

4　令和5年度税制改正による「暦年課税制度」と「相続時精算課税制度」の改正

(1)　令和5年度税制改正

国の「相続税・贈与税の一体課税」の方針で、令和5年度の税制改正で、生前贈与について大きな改正がありました。

国は「資産家が毎年の小刻みの生前贈与を繰り返すことにより、相続税を節税する」ことに、課税の公平から規制をかけたい意向がありました。

そこで国は、令和5年度税制改正により、「暦年課税制度」「相続時精算課税制度」の双方について、大きな改正を行い、相続税・贈与税に大きな影響を与えることになりました。

当然生命保険の相続税・贈与税に対する課税にも大きな影響を与えることになりますの

で、まずは「税制改正」の内容から説明します。

(2)　「暦年課税制度」（略称：暦年贈与）の改正

「暦年課税制度」に65年ぶりの「生前贈与加算の規定」（持ち戻し期間）の改正がありました。

■「持ち戻し期間」の延長

「改正前」は、暦年贈与をした場合、相続が開始した時は「相続開始前3年以内の贈与財産」は相続財産に持ち戻して、相続税を計算することになっていました。

つまり改正前は「暦年贈与」をしても、3年間は「生前贈与がなかったものとして相続税を計算する」という規定です。

しかし、今回の改正で国はこの「持ち戻し期間」の延長をして、暦年贈与を厳しくしたのです。どれくらい厳しくしたかというと「持ち戻し期間」を「3年間」から「7年間」に延長したのです。

これはある意味、国は「暦年贈与」をできるだけ認めない方向に舵を切ったということになります。もちろん「暦年贈与」をして、贈与してから「7年間」を経過すれば、相続財産に加算する必要はありません。

(3)　「相続時精算課税制度」（略称：精算贈与）の改正

令和5年度の税制改正で、「相続時精算課税制度」も大きく改正されました。

まず「精算贈与」に「暦年贈与」とは別の基礎控除（110万円）を創設したことです。毎年「精算贈与」をした場合、110万円までは贈与税がかからないことになりました。改正前の「精算贈与」には相続税の節税効果はありませんでしたが、改正により「精算贈与」についても相続税の節税効果があるようになったのは、非常に大きな改正になりました。

また、この「基礎控除」は、相続が開始した時に、相続財産に「持ち戻す必要がない」とされています。これは「暦年贈与」の基礎控除とは異なります。「暦年贈与」は「基礎控除を含めて」持ち戻しされることになるからです。

この改正により、基礎控除110万円の生前贈与をする納税者は「暦年贈与」から「精算贈与」へと移っていくことが予想されます。しかし110万円超の「精算贈与」をする人にとっては、110万円以上の精算贈与は、「すべて相続財産に持ち戻されてしまう」ことは改正前と同じですから、慎重に選択することが重要です。

また、一度「精算贈与」を選択した場合は、二度と「暦年贈与」に戻ることができませんから、十分注意が必要です。

この「精算贈与」の基礎控除の創設は、生命保険の活用にも大きな影響を与えることになると予想されます。

5　税制改正後の生命保険を活用した相続対策

(1)　改正後の「暦年贈与」の生命保険を活用した相続対策

①　改正後の「暦年贈与」を活用する場合の注意点

勘違いしてはいけないのは、改正後に「暦年贈与」を活用した生命保険の加入ができなくなってしまうわけではありません。「暦年贈与」により受贈した現金で「生命保険」に加入することは今まで通りできます。

ただ、相続が開始した時に、相続税を計算する場合、相続開始前7年間の贈与は、相続財産に持ち戻しをされるわけです。改正前は「3年間」でしたが、改正後は「7年間」になります。生命保険の加入が無効になるわけではありません。

具体的な事例で説明しましょう。

保険料を親から子どもに贈与し、子どもはその現金で生命保険に加入したとします。
●現金贈与（保険料に充当）　被相続人から子どもに贈与
・契約者　　　子ども
・被保険者　　被相続人
・受取人　　　子ども

●保険加入後7年以内に相続が開始した場合
・保険金は子どもの「一時所得」になる
・相続開始前「7年間」に贈与した現金は持ち戻しとなり「相続財産に加算」することになる

つまり、相続開始前7年間に贈与した分は、贈与の効果はないことになりますが、一時所得になる部分で収益が出た場合は、所得税の課税となります。

改正前は、相続開始前「3年間」に贈与を受けた現金は、相続財産に加算されましたが、改正後は相続開始前「7年間」に贈与を受けた現金が相続財産に加算されることになります。

②　50代、60代の比較的若い被相続人

日本人の平均寿命が80代という現状から、改正後は50代、60代の被相続人は、「暦年贈与」を検討することも相続対策として効果があると思われます。

■「高額の保険料贈与」を検討する

改正前は110万円の贈与を長く続けていましたが、これからの資産家は子どもに「短期間で高額の贈与」を一気に行うのも一つの方法です。

短期間で、必要な保険料分の現金を一気に贈与する方法も有効と考えられます。

例えば、保険料を短期間の1年～3年間くらいで払い込むと、持ち戻し期間7年間の合計で10年間となり、保険料に充当した贈与は「持ち戻し対象」から外れることになりま

す。

　生命保険料の支払いは「一時払い」でもよいし、一度に贈与した現金を子どもが「分割して」保険料として払うこともできます。

　「短期間」で、「高額の贈与」を行うことがこれからの「暦年贈与」のポイントになると思われます。どれくらい贈与すればよいか迷う納税者が多いですが、相続税・贈与税の「限界税率」を比較して決める方法が有効といえます。

　早期に短期間で財産を移転しておけば、将来の「認知症対策」にも有効といえます。

③ 「孫贈与」を活用する

　孫は「生前贈与の持ち戻し」の対象に入っていないので、孫に「暦年贈与」をし、生命保険を活用する方法もあります。

　孫は次のような保険契約を結びます。

・契約者　　　孫
・被保険者　　被相続人
・受取人　　　孫

　孫に対する保険料分の現金贈与は相続税の節税に効果があり、孫受取りの保険金は「一時所得課税」で有利といえます。

　この対策で注意すべきは、どの孫に贈与するかです。孫なら誰でもよいとはいえませんから、内孫、外孫等、後々相続争いにならないよう注意すべきでしょう。

　被相続人が孫に「遺贈」したり、孫が「生命保険金の受取人」になっていると、贈与の持ち戻し対象になってしまうので、事前の注意が必要です。

(2) 改正後の「精算贈与」を活用した生命保険対策

① 「精算贈与」の改正

　国は令和５年度の税制改正で「暦年贈与」に対し厳しい改正を行いましたが、「精算贈与」については、ある意味とても利用しやすいように改正を行いました。まるで「暦年贈与」から「精算贈与」に移ることを勧めるような改正です。

　国としては資産家が「暦年贈与」を毎年繰り返して行うことにより、相続税の節税を行うことに規制をかけたかったといえます。

　しかし、資産家から見れば「精算贈与」の改正により、110万円の基礎控除が新たに創設されたとはいえ、最高で毎年110万円の基礎控除しか認められないともいえます。

② 相続財産がそれほど多くない人

　相続財産がそれほど高額でない人は、毎年「精算贈与」で基礎控除の110万円の贈与を行うことで十分効果があります。その意味で改正後の「精算贈与」を選択する人が増えると予想されます。

　基礎控除は110万円ですが、法定相続人が複数いる場合は、精算贈与を選択する相続人が複数いると、それだけ基礎控除が大きくなります。

法定相続人の数	（基礎控除額）	（10年間基礎控除の合計）
1人	110万円	1,100万円
2人	220万円	2,200万円
3人	330万円	3,300万円

　「精算贈与」で受けた現金で、受贈者が生命保険に加入した場合、「精算贈与」の110万円の基礎控除は相続開始時に「持ち戻し」がないので、安心して生前贈与ができます。

　保険契約は次のようになります。

・契約者　　　子ども
・被保険者　　被相続人
・受取人　　　子ども

　この場合、「死亡保険金」は、子どもの「一時所得」になります。

③ 70代、80代の高齢者の「精算贈与」の活用

70代、80代の高齢者は令和5年度の「暦年贈与」の改正により、贈与財産の「持ち戻し期間」が「3年」から「7年」に延長されたので、活用が難しくなったといえます。

逆に、70代以上の高齢者は、改正後の「精算贈与」が活用しやすくなったといえるでしょう。改正後の「精算贈与」は新たに110万円の基礎控除が新設されたので、確実に110万円の基礎控除を活用できます。70代以上の被相続人は、受贈者が「精算贈与」を選択し、できるだけ多くの相続人等に110万円の生前贈与を行うことにより、「生前贈与」と「生命保険」の両方の対策をすることができるのです。

贈与対象者が多くいれば、それだけ非課税で財産を贈与できます。それも毎年確実に基礎控除を活用できるので、毎年継続すれば大きな効果が期待できるのです。「精算贈与」は「暦年贈与」のような「基礎控除の持ち戻し」がないため、安心して生命保険にも加入することができます。

④ 2,500万円の特別控除を活用する

「精算贈与」には2,500万円の特別控除があります。この2,500万円の特別控除は、相続開始時に相続財産に加算されるまで、とりあえず贈与税は課税されません。

これを全額保険料に使うこともできます。さらに基礎控除110万円が創設されたので、2,500万円プラス110万円の2,610万円まで贈与税が課税されません。

高齢な資産家は、この2,610万円の精算贈与を検討してみることも有効です。2,500万円は相続税の節税効果はありませんが、早期に相続人に贈与して、相続人に資産の運用を任せることも有効といえます。

生命保険の活用としては、一時払いの生命保険に加入するもよし、年払いの生命保険に加入するも自由です。

■生命保険の加入形態
・契約者　　　子ども
・被保険者　　被相続人
・受取人　　　子ども

上記の加入形態の場合、保険金は、子どもの一時所得になるので、高額な相続税よりも安くなる場合もあります。

また、契約者が被相続人、子どもが受取人で高額な相続税が課税されるより、一時所得の方が有利な場合もあります。

70代以上の高齢者には、認知症予防の観点からも、2,500万円の特別控除を早期に使って「精算贈与」をしておくのも、安心して保険料を払っていける対策といえるでしょう。

令和5年度税制改正による「暦年贈与」「精算贈与」の改正により、今後さらに色々な生保活用法が現れることと思われます。

【執筆者略歴】
染宮　勝巳（そめみや　かつみ）

税理士、染宮教育総研株式会社代表取締役。
生命保険に強い税理士として、税の知識をやさしく・わかりやすく・おもしろく語ることを得意としている。「生保営業マンが学び続けることの大切さ」を感じ、生保営業マン専用の会員制倶楽部を創設。30年以上にわたり毎月セミナーを開催し続けている。生命保険会社等からの依頼セミナーは2,000回を超えている。

マンションの相続税評価に関する新通達とそのポイント

◆通達創設の背景

国税庁は令和5年10月、マンションの相続税評価に関する新通達を公表しました。

マンションの相続税評価をめぐっては、時価と相続税評価の乖離を利用した節税策が大きな話題となっていました。とりわけ、その乖離が最も大きく現れるタワーマンションを使ったスキームが横行していたのです。

国税当局はこうした動きに対して、相続税法基本通達の、いわゆる「総則6項」を根拠に否認。この総則6項適用の可否そのものが裁判で争われてきたわけですが、最高裁令和4年4月19日判決で、「当局側の勝訴」という形で結論が下されました。

この最高裁判決を受けて、令和5年度税制改正大綱に盛り込まれたのが「マンションの相続税評価について、市場価格との乖離の実態を踏まえ、適正化を検討する」との一文。こうした流れの中で、今回の通達「居住用の区分所有財産の評価について」が公表されたのです。

◆通達の内容

今回の通達では、まず、「相続税評価額が市場価格の60％未満かそれ以上か」で区分し、「60％未満となる場合は、60％になるよう評価額を補正する」とされています（60％以上は補正なし）。この「相続税評価額が市場価格の何％か」を「評価水準」といいます。

例えば、相続税評価額が5,000万円で市場価格が1億円であれば、評価水準は50％で60％未満となるため、評価額を6,000万円に補正する、ということです。

もっとも、市場価格とは一律に定義できるものではありませんので、この「評価水準」は一定の算式を使って理論値を算出します。

> 評価水準＝1÷評価乖離率
> 評価乖離率＝A＋B＋C＋D＋3.220

上記算式中、A～Dは次のものを指します。
A…その区分所有建物の築年数×▲0.033
B…その区分所有建物の総階数指数×0.239
C…その区分所有建物の専有部分の所在階×0.018
D…その区分所有建物の敷地持分狭小度×▲1.195

とても複雑な算式となっていますが、このような計算過程を経て「評価水準」を算出し、60％に満たなければ評価額が増額されることになります。

なお、この通達は、令和6年1月1日以後に相続・遺贈又は贈与により取得した財産の評価について適用されます。

●プロの眼

マンション評価の新通達にはこう対応すべし！

㈱東京アプレイザル会長・不動産鑑定士・上級相続診断士　芳賀　則人

今回のマンション評価に関する新通達を受けて、「土地評価のプロ」である不動産鑑定士はどのように受け止めているのか。芳賀則人鑑定士にそのポイントを聞いた。

——今回の通達ですが、評価水準60％を境にくっきりと明暗が分かれることになります。この「60％」とはどのような意味があるのでしょうか？

通達の公表に先立って開かれた有識者会議の資料によれば、「評価額が市場価格理論値の60％（一戸建ての評価の現状を踏まえたもの）に達しない場合は60％に達するまで評価額を補正する」とあります。この「一戸建ての評価の現状」というところですが、一般的に宅地の路線価は公示価格の80％です。が、土地の市場価格は公示価格よりも大体1.1倍～1.2倍ですので、路線価と市場価格を比較するとおおむね60％程度になるということでしょう。

——新通達により、タワーマンションはもちろん、一般のマンションも相続税評価額が高くなるケースも想定されます。このことについて、どのように捉えていますか？

一言で言えば、妥当な措置だと思います。これまでの評価が異常だった。1億円で売れるマンションが、通達評価だと3,000万円だと。鑑定士の世界で言えば、こんな評価はあり得ないわけです。これを利用して、銀行とかディベロッパーとかさまざまな実務家が節税効果を喧伝してきた。これが封じられたことは、当然のことだと思っています。

——むしろ、遅きに失したと。

まあ、国税はいつでも遅いですからね（笑）。しかし、逆に言えば通達評価が市場価格に近づいたとは言え、4割も考慮してくれるんだから、いまだ節税効果はあるわけです。1億円だったら4,000万円、2億円だったら8,000万円も考慮される。

——新通達の計算式は、その物件の築年数、総階数、所在階と敷地持分狭小度で評価乖離率を算出することになっていますが、従来の2～3倍の評価額になってしまう物件も出てくると言われています。

それは、実際に現物の事例で計算しなければ、何とも言えません。算式末尾の「＋3.220」は、物件の立地とか眺望とか、あるいは日照とか、多様な要素をA～Dの4要素とは別にカウントして通達評価として統一化している。ただし、マンションの時価とはケース・バイ・ケースで、一概に評価額について時価との乖離が小さくなるとは言えません。

——そうすると、相続に携わる実務家としては、顧客からの相談にどのように対応すべきでしょうか？

まずは新通達のしくみを理解した上で、周囲の同業者や税理士、鑑定士などと協働して、少しでも多くの評価事例を積み上げることが重要でしょう。都心か郊外か、何階建ての何階か、近隣の状況など、さまざまな事例を集積することで、顧客に伝えなければならないことが見えてくると思います。

はが・のりひと
株式会社東京アプレイザル会長・不動産鑑定士。上級相続診断士。税理士、公認会計士、不動産業者など相続問題に直面する実務家を対象としたセミナーも開催。

こんなにある！　生前贈与の特例制度

税理士・公認会計士　木下　勇人

　税法（租税特別措置法と相続税法、以下「措法」「相法」といいます）が定める生前贈与の特例制度をいくつか紹介いたします。

1　住宅取得等資金贈与（措法70条の2）

　リーマンショックで低迷した日本経済を上向かせるための「経済危機対策」として、平成21年度税制改正で創設された制度になります。創設後、2年ごとに延長が繰り返されてきましたが、「格差の固定化を招く」との理由から、平成27年以降は非課税限度額が徐々に縮小されている経緯があります。

(1)　制度概要

　令和4年1月1日から令和5年12月31日までの間に、父母や祖父母など直系尊属からの贈与により、自己の居住の用に供する住宅用の家屋の新築、取得または増改築等（以下「新築等」といいます）の対価に充てるための金銭（以下「住宅取得等資金」といいます）を取得した場合において、一定の要件を満たすときは、一定の非課税限度額までの金額について、贈与税が非課税となります。

　非課税の特例の適用を受けるためには、贈与税の申告期限内（贈与を受けた年の翌年2月1日から3月15日までの間）の申告が必須となります。贈与税申告書に、戸籍の謄本、新築や取得の契約書の写しなど一定の書類を添付して、納税地の所轄税務署に提出する必要があります。

　これまで2年ごとの延長が繰り返されていますので、令和6年度以降も延長されるか否かは、令和5年12月中旬に公表される「令和6年度税制改正大綱（与党）」の公表を待つ必要があります。

(2)　非課税限度額

　贈与を受けた者ごとに「省エネ等住宅」の場合には1,000万円まで、それ以外の住宅の場合には500万円までの住宅取得等資金の贈与が非課税となります。

　ここで、「省エネ等住宅」とは、次の①から③の省エネ等基準のいずれかに適合する住宅用の家屋であることにつき、住宅性能証明書など一定の書類を贈与税の申告書に添付することにより証明されたものをいいます。
① 　断熱等性能等級4以上または一次エネルギー消費量等級4以上であること。
② 　耐震等級（構造躯体の倒壊等防止）2以上または免震建築物であること。
③ 　高齢者等配慮対策等級（専用部分）3以

上であること。

(3) 受贈者の要件

① 贈与を受けた時に贈与者の直系卑属（贈与者は受贈者の直系尊属）であること

ポイント 養子縁組により養子となった者を含みます。

② 贈与を受けた年の1月1日において、18歳以上であること

ポイント 18歳になった翌年1月1日以降の贈与であることが求められます。

③ 贈与を受けた年の年分の所得税に係る合計所得金額が2,000万円以下（新築等をする住宅用の家屋の床面積が40㎡以上50㎡未満の場合は、1,000万円以下）であること

④ 平成21年分から令和3年分までの贈与税の申告で「住宅取得等資金の非課税」の適用を受けたことがないこと（一定の場合を除きます）

⑤ 自己の配偶者、親族などの一定の特別の関係がある人から住宅用の家屋の取得をしたものではないこと、またはこれらの方との請負契約等により新築もしくは増改築等をしたものではないこと

ポイント 特別関係人は個人を指しますので、同族会社等の法人は規制の対象となりません。

⑥ 贈与を受けた年の翌年3月15日までに住宅取得等資金の全額を充てて住宅用の家屋の新築等をすること

ポイント 令和5年に贈与を受け、令和6年1月に支払いに充当することは要件を満たします。

ポイント 土地だけの取得だけでは特例の要件を満たしません。家屋（共有持ち分でも可）の所有権を有する必要があります。

⑦ 贈与を受けた時に日本国内に住所を有していること（受贈者が一時居住者であり、かつ、贈与者が外国人贈与者または非居住

贈与者である場合を除きます）

⑧ 贈与を受けた年の翌年3月15日までにその家屋に居住することまたは同日後遅滞なくその家屋に居住することが確実であると見込まれること

ポイント 「新築」のケースにおいて、翌年3月15日までに新築工事が未完了の状態である場合においては、「翌年3月15日までに棟上げ（上棟）」かつ「翌年12月31日までに居住」という救済措置があります。ただし、マンションや建売住宅は「新築」ではなく「取得」に該当しますので、上記の救済措置の適用はありません。

(4) 住宅用の家屋の新築、取得または増改築等の要件

「住宅用の家屋の新築」には、その新築とともにするその敷地の用に供される土地等を含みますので、家屋の共有持ち分の取得さえしていれば、土地等の取得のための資金贈与も認められます。また、住宅の新築に先行してするその敷地の用に供されることとなる土地等の取得を含みますので、土地だけ先に取得し、その後、家屋を新築するというケースも認められます。

「住宅用の家屋の取得または増改築等」には、その住宅の取得または増改築等とともにするその敷地の用に供される土地等の取得を含みます。

ただし、対象となる住宅用の家屋は日本国内にあるものに限られます。日本国内における住宅取得等による消費刺激が制度趣旨にあるためとお考えください。

① 新築または取得の場合の要件

イ 新築または取得した住宅用の家屋の登記簿上の床面積（マンションなどの区分所有建物の場合はその専有部分の床面積）が40㎡以上240㎡以下で、かつ、その家屋の床面積の2分の1以上に相当する部分が受

贈者の居住の用に供されるものであること

ポイント 登記簿謄本で床面積を判定します。

ポイント 店舗兼自宅の場合であっても、居住用部分の床面積が全体の2分の1以上を占める必要があります。

ロ　取得した住宅が次のいずれかに該当すること
　i　建築後使用されたことのない住宅用の家屋
　ii　建築後使用されたことのある住宅用の家屋で、昭和57年1月1日以後に建築されたもの
　iii　建築後使用されたことのある住宅用の家屋で、地震に対する安全性に係る基準に適合するものであることにつき、一定の書類により証明されたもの
　iv　上記iiおよびiiiのいずれにも該当しない建築後使用されたことのある住宅用の家屋で、その住宅用の家屋の取得の日までに同日以後その住宅用の家屋の耐震改修を行うことにつき、一定の申請書等に基づいて都道府県知事などに申請をし、かつ、贈与を受けた翌年3月15日までにその耐震改修によりその住宅用の家屋が耐震基準に適合することとなったことにつき一定の証明書等により証明がされたもの

ポイント 実務的には、i又はii（新耐震基準の外形的判断）に該当するものが多いと推察します。iiは令和4年度税制改正により要件緩和がなされています。

②　増改築等の場合の要件
イ　増改築等後の住宅用の家屋の登記簿上の床面積（マンションなどの区分所有建物の場合はその専有部分の床面積）が40㎡以上240㎡以下で、かつ、その家屋の床面積の2分の1以上に相当する部分が受贈者の居住の用に供されるものであること
ロ　増改築等に係る工事が、自己が所有し、かつ居住している家屋に対して行われたもので、一定の工事に該当することについて、「確認済証の写し」「検査済証の写し」または「増改築等工事証明書」などの書類により証明されたものであること。
ハ　増改築等に係る工事に要した費用の額が100万円以上であり、増改築等の工事に要した費用の額の2分の1以上が、自己の居住の用に供される部分の工事に要したものであること。

2　教育資金一括贈与（措法70条の2の2）

(1)　制度概要

平成25年4月1日から令和8年3月31日までの間に、教育資金管理契約を締結する日において30歳未満の方（以下「受贈者」といいます）が、教育資金に充てるため、金融機関等とのその教育資金管理契約に基づき、①受贈者の直系尊属（父母や祖父母など。以下「贈与者」といいます）から信託受益権を取得した場合、②書面による贈与により取得した金銭を銀行等に預入をした場合、または、③書面による贈与により取得した金銭等で証券会社等で有価証券を購入した場合には、その信託受益権または金銭等の価額のうち1,500万円までの金額に相当する部分の価額については、取扱金融機関の営業所等を経由して教育資金非課税申告書を提出することにより、受贈者の贈与税が非課税となります。

ただし、信託受益権または金銭等を取得した日の属する年の前年分の受贈者の所得税に係る合計所得金額が1,000万円を超える場合には、この非課税制度の適用を受けることができません（平成31年4月1日以後に取得する信託受益権または金銭等に係る贈与税について適用されます）。

ポイント 1,500万円の非課税限度額のうち、学校等以外の者に支払われる金銭に

ついては、500万円が限度となります。

ポイント 贈与前年における受贈者側の所得制限（平成31年4月1日以後）については、受贈者の多くが孫であることに鑑みると、多くのケースでは制限されないと推察します。

(2) 贈与者死亡時における管理残高に対する相続税課税

例えば、以下のケースを想定してみてください。

祖父（80歳）が孫（10歳）に対し、本特例を使って教育資金として1,500万円を贈与したとします。

1年後、祖父に相続が発生した際、贈与した資金残高（管理残高）が1,200万円あったとした場合、祖父の相続税申告において孫は相続税申告をする必要があるのでしょうか。

祖父に係る相続税の課税価格の合計額は6億円とし、孫が贈与を受ける前年につき、所得税の合計所得金額は1,000万円以下とします。

資金の拠出時期により扱いが異なります。

① 平成25年4月1日から平成31年3月31日までの拠出分

この時期に贈与した場合、管理残高1,200万円につき、相続税は課税されません。

② 平成31年4月1日から令和3年3月31日までの拠出分

この時期に贈与した場合、管理残高1,200万円につき、相続開始前3年以内の管理残高については、原則として相続税が課税されます（ただし、2割加算の適用なし）。ただし、贈与者の死亡日において受贈者が（ⅰ）23歳未満である場合、（ⅱ）学校等に在学している場合、（ⅲ）教育訓練給付金の支給対象となる教育訓練を受けている場合（以下「23歳未満である場合等」といいます）に該当すれば、管理残高に相続税は課税されません。本ケースに当てはめると、拠出した時期が相続開始前3年以内である場合、孫は23歳未満であるため、管理残高1,200万円につき相続税は課税されないことになります。

③ 令和3年4月1日から令和5年3月31日までの拠出分

この時期に贈与した場合、管理残高1,200万円につき、原則として相続税が課税されます（2割加算の適用あり）。ただし、贈与者の死亡日において受贈者が23歳未満である場合等に該当すれば、管理残高に相続税は課税されません。本ケースに当てはめると、孫は23歳未満であるため、管理残高1,200万円につき相続税は課税されないことになります。

④ 令和5年4月1日以降の拠出分

この時期に贈与した場合、管理残高1,200万円につき、原則として相続税が課税されま

■贈与者死亡時における管理残高に対する相続税課税

課税関係＼拠出時期	H25創設 H25.4.1〜H31.3.31	H31改正 H31.4.1〜R3.3.31	R3改正 R3.4.1〜R5.3.31	R5改正 R5.4.1〜R8.3.31
管理残高に対する相続税課税	課税なし	死亡前3年以内の非課税拠出分に限り課税あり	課税あり	課税あり
23歳未満である場合等に該当		課税なし	課税なし	課税なし※
相続税額の2割加算		適用なし	適用あり	適用あり

※ 贈与者に係る相続税の課税価格の合計額が5億円超である場合には、課税されます。

す（2割加算の適用あり）。ただし、贈与者の死亡日において受贈者が23歳未満である場合等に該当すれば、管理残高に相続税は課税されません。ただし、令和5年度税制改正により、贈与者に係る相続税の課税価格の合計額が5億円超である場合には、管理残高に相続税が課税されることになりました。本ケースに当てはめると、孫は23歳未満ではありますが、祖父に係る相続税の課税価格の合計額は5億円を超えているため、管理残高1,200万円につき相続税は課税されることになります。

(3) 教育資金管理契約が終了した際の管理残高に対する贈与税課税

受贈者が30歳に達するなどにより教育資金口座に係る契約が終了した場合には、非課税拠出額から教育資金支出額を控除（相続等により取得されたものとみなされた管理残額がある場合には、その管理残額も控除します）した残額があるときは、その残額はその契約終了時に贈与があったこととされます。その結果、その年の贈与税の課税価格の合計額が基礎控除額を超えるなどの場合には、贈与税の申告期限までに贈与税の申告を行う必要があります。

上記(2)のケースにつき、孫が30歳に達した際の管理残高が500万円であった場合における課税関係を整理します。ただし、以下の検討については、贈与者死亡後に教育資金管理契約終了することを前提とします。

① 平成25年4月1日から平成31年3月31日までの拠出分

この時期に贈与し、教育資金管理契約終了時の管理残高500万円に対しては、特例税率に基づき贈与税が孫に課税されます（48.5万円）。

② 平成31年4月1日から令和3年3月31日までの拠出分

この時期に贈与し、贈与者死亡時に相続税が課税されている場合には、贈与税が課税されることはありません。ただし、相続税が課税されていない場合には、教育資金管理契約終了時の管理残高500万円に対しては、特例税率に基づき贈与税が孫に課税されます（48.5万円）。

③ 令和3年4月1日から令和5年3月31日までの拠出分

この時期に贈与し、贈与者死亡時に相続税が課税されている場合には、贈与税が課税されることはありません。ただし、相続税が課税されていない場合には、教育資金管理契約終了時の管理残高500万円に対しては、特例税率に基づき贈与税が孫に課税されます（48.5万円）。

④ 令和5年4月1日以降の拠出分

この時期に贈与し、贈与者死亡時に相続税が課税されている場合には、贈与税が課税さ

■教育資金管理契約が終了した際の管理残高に対する贈与税課税

課税関係 ＼ 拠出時期	H25創設 H25.4.1～H31.3.31	H31改正 H31.4.1～R3.3.31	R3改正 R3.4.1～R5.3.31	R5改正 R5.4.1～R8.3.31
管理残高に対する相続税課税	課税なし	死亡前3年以内の非課税拠出分に限り課税あり	課税あり	課税あり
23歳未満である場合等に該当		課税なし	課税なし	課税なし※1
適用税率※2	特例税率	特例税率	特例税率	一般税率

※1　贈与者に係る相続税の課税価格の合計額が5億円超である場合には、課税されます。
※2　贈与者死亡時において相続税が課税された管理残高は除外してから税率を乗じます。

れることはありません。ただし、相続税が課税されていない場合には、教育資金管理契約終了時の管理残高500万円に対しては、一般税率に基づき贈与税が孫に課税されます（53万円）。

3 結婚・子育て資金一括贈与（措法70条の2の3）

(1) 制度概要

平成27年4月1日から令和7年3月31日までの間に、結婚・子育て資金管理契約を締結する日において18歳以上50歳未満の方（以下「受贈者」といいます）が、結婚・子育て資金に充てるため、金融機関等とのその結婚・子育て資金管理契約に基づき、受贈者の直系尊属（父母や祖父母など。以下「贈与者」といいます）から信託受益権を付与された場合、書面による贈与により取得した金銭を銀行等に預入をした場合または書面による贈与により取得した金銭等で証券会社等で有価証券を購入した場合には、信託受益権または金銭等の価額のうち1,000万円までの金額に相当する部分の価額については、取扱金融機関の営業所等を経由して結婚・子育て資金非課税申告書を提出することにより贈与税が非課税となります

ただし、信託受益権または金銭等を取得した日の属する年の前年分の所得税に係る合計所得金額が1,000万円を超える場合には、この非課税制度の適用を受けることができません（平成31年4月1日以後に取得する信託受託権または金銭等に係る贈与税について適

用されます）。

ポイント 1,000万円の非課税限度額のうち、結婚に際して支払われる金銭については、300万円が限度となります。

ポイント 教育資金一括贈与と異なり受贈者の年齢が高くなるため、所得制限の検討の必要性は相対的に高くなります。

ポイント 財務省担当官による「平成31年度 税制改正の解説」によれば、平成27年度の新設当初約4,500件あった新規契約は、平成29年度では約200件と激減しています。扶養義務者間における「生活費」「教育費」のうち「通常必要と認められるもの」については、相続税法上、贈与税の課税対象とならないと解釈されていることの影響があると推察します。

(2) 贈与者死亡時における管理残高に対する相続税課税

例えば、以下のケースを想定してみてください。

> 祖父（85歳）が孫（25歳）に対し、本特例を使って結婚・子育て資金として1,000万円を贈与したとします。
>
> 1年後、祖父に相続が発生した際、贈与した資金残高（管理残高）が800万円あったとした場合、祖父の相続税申告において孫は相続税申告をする必要があるのでしょうか。
>
> 孫が贈与を受ける前年につき、所得税の合計所得金額は1,000万円以下とします。

■贈与者死亡時における管理残高に対する相続税課税

課税関係 ＼ 拠出時期	H27創設 H27.4.1〜H31.3.31	H31改正 H31.4.1〜R3.3.31	R3改正 R3.4.1〜R5.3.31	R5改正 R5.4.1〜R7.3.31
管理残高に対する相続税課税	課税あり	課税あり	課税あり	課税あり
相続税額の2割加算	適用なし	適用なし	適用あり	適用あり

教育資金一括贈与と異なり、結婚・子育て資金一括贈与においては、贈与者死亡時における管理残高に対しては必ず相続税が課税されます。ただし、令和3年3月31日までの拠出分に関する管理残高に対し孫に課税される相続税については、2割加算の適用はありませんが、令和3年4月1日以降の拠出分に関する管理残高に対し孫に課税される相続税については、2割加算の適用がありますので注意が必要です。

(3) 結婚・子育て資金管理契約が終了した際の管理残高に対する贈与税課税

受贈者が50歳に達するなどにより結婚・子育て資金口座に係る契約が終了した場合には、非課税拠出額から結婚・子育て資金支出額を控除（相続等により取得されたものとみなされた管理残高がある場合には、その管理残高を控除します）した残額があるときは、その残額はその契約終了時に贈与があったこととされます。その結果、その年の贈与税の課税価格の合計額が基礎控除額を超えるなどの場合には、贈与税の申告期限までに贈与税の申告を行う必要があります。

現実的ではありませんが、仮に父（70歳）が娘（40歳）に1,000万円の結婚・子育て資金一括贈与をしたケースを想定してみてください。

娘が50歳になり結婚・子育て資金管理契約が終了した際、父は80歳で存命であり、その際の管理残高が500万円あったとした場合、娘の贈与税はどうなるでしょうか。

① 平成27年4月1日から令和5年3月31日までの拠出分

この時期に贈与し、結婚・子育て資金管理契約終了時の管理残高500万円に対しては、特例税率に基づき贈与税が孫に課税されます（48.5万円）。

② 令和5年4月1日以降の拠出分

この時期に贈与し、結婚・子育て資金管理契約終了時の管理残高500万円に対しては、一般税率に基づき贈与税が孫に課税されます（53万円）。

4 特定贈与信託（特定障害者扶養信託：相法21条の4）

(1) 制度概要

特定障害者の方の生活費などに充てるために、一定の信託契約に基づいて特定障害者の方を受益者とする財産の信託があったときは、その信託受益権の価額のうち、特別障害者である特定障害者の方については6,000万円まで、特別障害者以外の特定障害者の方については3,000万円までの金額に相当する部分の価額については、信託会社を経由して障害者非課税信託申告書を提出することにより贈与税が非課税となります。

ここで、特定障害者とは、①特別障害者、②特別障害者以外の障害者のうち精神に障害がある方をいいます。

この特例は、昭和50年4月に創設され、昭和63年の税制抜本改革によって贈与税の非課税限度額が3,000万円から6,000万円までに大きく引き上げられました。また、平成25年度税制改正により適用対象者が拡充さ

■結婚・子育て資金管理契約が終了した際の管理残高に対する贈与税課税

拠出時期／課税関係	H27創設 H27.4.1～H31.3.31	H31改正 H31.4.1～R3.3.31	R3改正 R3.4.1～R5.3.31	R5改正 R5.4.1～R7.3.31
管理残高に対する相続税課税	課税あり	課税あり	課税あり	課税あり
適用税率	特例税率	特例税率	特例税率	一般税率

れ、中程度の知的障害者および障害等級2級および3級の精神障害者等が制度の対象に加えられ、3,000万円を限度として贈与税が非課税となりました。

⑵　契約の終了

受益者である特定障害者の死亡日に終了します。

⑶　信託財産の帰属

受益者である特定障害者が死亡した場合、信託財産は特定障害者の相続人または受遺者に交付され、みなし相続財産として相続税が課税されます。信託時に、信託財産の帰属権利者を相続人または受遺者以外のボランティアや障害者団体などに指定しておくことも可能です。

5　遺贈寄付（相続人からの相続財産の贈与：措法70条）

遺贈寄付には、大別して、A「被相続人からの遺言による寄付」とB「相続人からの相続財産による寄付」の2種類があります。AとBの違いは寄付者の違いになりますが、ここでは、B「相続人からの相続財産による寄付」を取り上げます。

ただし、これまでの特例と異なり、財産を渡す側（寄付者）についての特例になります。

⑴　相続人からの相続財産による寄付に関する課税関係と制度概要

相続人が相続財産を取得し当該相続財産を寄付するという流れになりますので、相続人が相続財産を取得した段階で、相続人に相続税が課税されることになります。ただし、相続や遺贈によって取得した財産を、相続税の申告期限までに、国、地方公共団体、公益を目的とする事業を行う特定の法人または認定非営利活動法人（認定NPO法人）に寄付し

た場合は、その寄付をした財産等は相続税の対象としない特例があります。

その他、特定の公益信託の信託財産とするために支出をした場合も同様の特例がありますが、ここでは割愛します。

⑵　要件確認

① 寄付した財産は、相続や遺贈によって取得した財産であること
② その取得した財産を相続税の申告書の提出期限までに寄付すること
③-1　（国等への寄付）

寄付した先が国、地方公共団体、教育や科学の振興などに貢献することが著しいと認められる公益を目的とする事業を行う特定の法人（以下「特定の公益法人」といいます）であること
③-2　（認定非営利活動法人（認定NPO法人）への寄付）

その認定NPO法人が行う特定非営利活動促進法2条1項に規定する特定非営利活動に係る事業に関連する寄付をすること

> **ポイント**　上記の寄付は、所得税における寄付金控除の対象となります。

> **ポイント**　寄付先は限定的であり、一般社団法人、一般財団法人や認定を受けていないNPO法人、宗教法人等は対象外となります。

6　小規模宅地等の特例（措法69条の4）

⑴　制度概要

個人が、相続や遺贈によって取得した財産のうち、その相続開始の直前において被相続人または被相続人と生計を一にしていた被相続人の親族（以下「被相続人等」といいます）の事業の用または居住の用に供されていた宅地等（土地または土地の上に存する権利をいいます。以下同じ）のうち一定のものが

ある場合には、その宅地等のうち一定の面積までの部分（以下「小規模宅地等」といいます）については、相続税の課税価格に算入すべき価額の計算上、最大80％までの割合を減額します。

(2) 小規模宅地等の特例と生前贈与加算（相続時精算課税制度を含む）との関係

小規模宅地等として選択される特例対象宅地等には、被相続人から贈与により取得したものは含まれないために、相続開始前3年の贈与加算された宅地等や、相続時精算課税制度に係る贈与によって取得した宅地等については、小規模宅地等の特例の適用はありません（租税特別措置法通達69の4－1）。そのため、特例対象宅地等となる可能性のある宅地等につき、贈与を検討する場合には、被相続人の相続税への影響を慎重に検討する必要があります。

(3) 小規模宅地等の特例と住宅取得等資金贈与との関係

仮に、被相続人が父、相続人が長男のみというケースを想定してください。父は自らが所有する自宅に1人で居住し、長男は転勤族で賃貸住宅に居住しているものとします。

この状況のもとで、被相続人である父に相続が発生すると、父の自宅敷地につき、小規模宅地等の特例（特定居住用宅地等）の適用可能性が残ります（いわゆる「家なき子特例」）。

長男の自宅取得に際し、父が住宅取得等資金を長男へ贈与し、その後、父に相続が発生した場合、小規模宅地等の特例（特定居住用宅地等）の要件を満たせなくなります。なぜならば、長男が自宅を所有してしまうと、「家なき子特例」の要件を完全に満たさなくなってしまうためです。

そのため、住宅取得等資金贈与の実行前には、小規模宅地等の特例への影響を慎重に検討する必要があります。

【執筆者略歴】
木下　勇人（きのした　はやと）

税理士法人レディング 代表、税理士・公認会計士。
相続・事業承継対策専門の税理士法人の代表。全国の税理士から難解な相続・事業承継対策のご相談を受け実行支援を行う。税理士・保険募集人向けの研修は年間100回を超える。得意な分野は、会社経営者向けの事業承継対策（自社株対策含む）、富裕層向けの資産防衛対策、不動産オーナー向けの相続対策など。

生前贈与とこれからの終活のあり方

一般社団法人　終活カウンセラー協会　代表理事　武藤　頼胡

1　終活の目的と意図とは

「終活とは歯磨きみたいなものです」といつも伝えています。

歯磨きは、急に始めるものでもなく、毎日の積み重ねで、生涯に渡りおいしいものを食べることができる。

それと同じで終活も、これを一気にしなければいけないわけではなく、家族で会話をする、毎年の自分の考えをまとめる、人の死を通じて何を感じるかどんな思いが湧きあがるのか自分の死生観を認識するなどを、毎日の生活の中にあるものから感じ、自分の考えを持つ。このように毎日意識して少しずつ整っていくものなので歯磨きみたいなものとたとえています。

ではそんな「終活とは何か」を振り返り、その観点から生前贈与について述べたいと思います。

私たち終活カウンセラー協会においての終活の定義は、「人生の終焉を考えることを通じて、自分を見つめ、今をより良く自分らしく生きる活動」としています。

終活の目的・意図は、「今をよりよく生きる」なのです。

そのために先にある不安を元気なうちに考えて解消し、人生を楽しんでいただく。なぜなら、自分の人生の主役は自分だからです。

このように定義し、啓蒙しているのですがまだまだ「死に支度」というイメージが強いようです。まぁ、私自身も『こじらせない「死に支度」』という終活本を出版しておりますが……。ただその本の巻末はこのように括っております。

「終活とは死に支度であるとともに生き支度でもあるのです」(『元気なうちから始める！　こじらせない「死に支度」』主婦と生活社)

法律上の「死」とは医師が心臓、血液、脳などが完全に停止して蘇生不可能と判断したら「死亡」となります。

私自身、17年前に母を亡くしました。しかし私が人生の岐路に立った時、母ならどんな選択するのか？　どんなあり方で臨むか？など、今もなお私の心で生き続けて助けてもらっています。このように家族や大切な方の死はそれだけでは割り切れないのです。

そう思うと、死後に起こる葬式や納骨、相続や手続きも死んで終わりではなく、自分の生きてきた証です。自分の人生と言えるのではないでしょうか。前述した「終活とは死に支度であるとともに生き支度」の所以はこのようなことです。

では、今回のテーマである生前贈与はいかがでしょうか。何のためにするのか、目的や意図はなんでしょうか。相続時の負担を軽減するため、自分の考えを生きているうちに叶えるためなど、制度のための手段ではなく、目的のための制度で手段の一つということになります。その制度が変わることで終活との親和性と関連性、影響を考えていきたいと思います。

2　終活相談者が生前贈与したワケ

　「私の父はたくさんの奥さんがいた人なの。その場合のお墓って……」。

　もうすぐ70歳だというご婦人から突然の相談でした。最初に聞いた時、"たくさんの奥さん"というワードに色々想像しましたが、こういうことでした。

　お父様は相談者のお母様とは再婚、そしてお母様が亡くなった後も再婚された、つまりは3回結婚したということで、「たくさんの奥さんがいた」という言葉になっていたということです。

　この相談者のご婦人は独身で、ご両親をみていて結婚に憧れなくなったとのことでした。これらのことから、この相談の本質はお墓のことだけではなく、あまり知らない異母兄弟姉妹がいることと、ご自身が一人であることにありました。そして、お墓の問題がまず目の前にあり困っていました。解決の内容は今回割愛しますが、お墓のことは心の問題の方が大きいです。これが解決するや否や、次はご自身のことの心配があふれてきました。

　まだ現役で働いている相談者のご婦人にとっての心配とは、時間もなく、またこの分野の知識もない、自分が何歳まで生きるのかはもちろん誰にもわからない、一生懸命働いて得た財産はどうするのか……などです。

　今回の話とは別になりますが、一つ述べておきたいことがあります。それは、お墓の相談は次に相続の相談になりやすいということです。また逆も然りです。

　話を戻しますと、独身を貫いてきたご婦人（相談者）にはある思いがありました。唯一、同父母の妹さんとそのお子様だけに何かの際は財産を引き継ぎたいということです。その思いを形にするには遺言書の作成が必要ということはご婦人もよくご存知でした。

　ただ、一生懸命働いてきた財産は私の想像をはるかに超えて多くあったのです。しかしご婦人は、「自分がいつ死ぬかわからない、だから手元にいくらあっても足りないくらい」と、思われていました。

　また、妹さんや姪や甥に相続したいという気持ちの中には、将来的に自分の面倒をみてくれるに違いない、確認はしていないがそこしか自分には親戚はいないのだから話さなくてもそうである、いやそうであってほしい、というものもありました。

　そうそう、私が終活の仕事をするようになってすぐの話です。80歳を超えるご婦人を、ある専門家の一人から紹介されました。そのご婦人は現金を数億円持っていてむしろ毎月増えているとのこと。ご婦人のそばにはいろいろな専門家がついていて、彼らはご婦人に、唯一の親類である息子に贈与をすることを勧めているが、ご婦人は首を縦に振らないということでした。

ご婦人も理屈では生前贈与した方がよいことはわかっていました。しかし自分が何歳まで生きるかわからない、そのため死ぬまではこのまますべてを持っていなければ、と周りが説得すればするほど頑なになっていました。

　私ともう一人、専門家でない者がいたので、とりあえず、ご婦人の心のうちを聞きました。心のうちを聞き出すのに費やした時間は1年です。すると少しずつ打ち解けていき、最終的には生前贈与だけでなく、相続の準備もしっかりされたということがありました。

　以上の経験から、先のご婦人もここが重要ではないかと思い、財産のことも含め何でもよいので「不安」の要素を聞くということから始めました。

　そうしたところ、内容が複雑なわけではなく、相談者ご自身の想像での心配が多くありました。

・もし妹が私の好意でしていることを迷惑と思っていたらどうしよう
・姪に嫌われたら予定が変わるから決められない
・自宅をリフォームしたいがいくらかかるか見当つかないから、それからでないと何もできない

　このように、頭の中だけでのたくさんの心配で複雑になっていました。そこでまずは当事者に聞いてみましょうということで、妹さんや姪っ子さんがどのように考えているか、当事者たちが集まるのにちょうどよいお正月に話してもらうことになりました。すると、

　ご婦人の心配をよそにとても前向きに将来を考えていることがわかりました。

　そのことがわかったら、ご婦人は自分の将来のために本来手立てすべき内容に真剣に向き合い、ご自身の人生をご自身で「決めていく」という流れになりました。すると、やったことがない生前贈与も、「今年はまず試しに」ということで100万円、一時払い生命保険200万円で、受取人を姪っ子さんとして加入されました。

　ご婦人の財産からしたら少ないと感じる方もいるかと思いますが、ゼロが「1」になったのは大きな進歩です。ご存知の通り、生前贈与は毎年チャンスがあるのでまずはこれでよしなのです。

3　生前贈与税制が変わることによる終活への影響

　取材をされるとき、以下の質問は必ず受けます。

　「終活はいつ始めるものですか？」

　冒頭に書いたように終活は歯磨きみたいなものです。毎日の積み重ね、すなわち早ければ早い方がよいです。

　"まだ早いと思った時が終活の適齢期です"と、よく話します。

　私の母が亡くなった原因は癌なのですが、私は「母が癌になった」という瞬間に立ち会いました。それは医師から「あなた癌ですよ」と診察室で言われた時です。

　体調が悪くなり、近所の病院に行っても原因がわからず、総合病院を紹介され、数々の検査をうけ、その時はまだ希望を持っており、単に便秘ではないか、胃が荒れているだけだよ、など家族で話していました。そう、病気は目に見えないので医師に告知された時が病気の始まりなのです。そしてそれはいつ起こるかわからない。これは誰もが知っている事実です。そのため「まだ早いよ」くらいの時が「終活のやり時」なのです。

インターネットで終活について検索をしていると様々な企業が終活に取り組んでいます。とある保険会社のサイトをみた際、こんなことが書いてありました。保険を見直そうと思ったきっかけは？　に対して「終活を考える年になったので」という文言です。終活を考える年とはいくつのこと？　私からするとかえって「？」が頭に浮かびます。とはいえ、自分自身でけじめをつけて行うことは大切なことです。

ただ、当協会の終活カウンセラー検定を受講したきっかけで多いのが、
・家族が亡くなった時、いろんなことがわからず困ったから自分は準備しようと思った
・家族が亡くなった時、相続で揉めたので自分はしっかり準備しておこうと思った
などです。突然の家族の死によって、困った経験から自分の時は家族が困らないようにしておこうということです。このような出来事があった方はご自身の終活も老若男女関係なく始められます。

また、以前は「死に支度」のイメージがありましたが、今はテレビや雑誌などで終活を楽しんでいる方の特集も多くなり、「今をより良く生きるために」という目的が浸透しつつあります。

さて、令和5年度の税制改正により生前贈与税制が大きく見直されたことで相続財産への加算が3年から7年になりました。

なんとなく今までは、言い方は悪いですが賭けのように思っている相談者もいて、本当のギリギリにならないと真剣に考えない方もいました。

しかし持ち戻し期間が死亡の7年前になることで早くから考える方が増えるのは間違いありません。その際にこれからどんな暮らしをのぞみ、生き支度、さらには死に支度をどうするのか、そして自分の家族に対する気持ちを整理するなどのプロセスを踏む、すなわち終活をすることで生前贈与をどのようにするか。今回はやはり、改正される相続時精算課税制度を利用するのかなど、「自分の人生の目的を踏まえた上」で、その手段として上手に活用することがとても大切であるといえます。

このことから制度を学ぶこともちろん大事ですが、その知識を使い、その方の全体像や考え方などを理解した上で進めることがもっと大切であるといえます。

終活と生前贈与と相続は親和性が高く、生前贈与を学ぶだけでなく終活の観点で考えていくことが肝要です。

【執筆者略歴】
武藤　頼胡（むとう　よりこ）
一般社団法人 終活カウンセラー協会 代表理事、リンテアライン株式会社 代表取締役。
「終活カウンセラー」の生みの親。自身も終活カウンセラーとして活動しながら、「終活」を広めている。
終活カウンセラー検定は受講者が2万6,000人を突破。リンテアライン株式会社では、霊園開発、葬祭業のコンサルタント事業を展開している。

生前贈与の成功・失敗事例

生前贈与の成否のポイントとは？

　自分が生きているうちに、次世代に財産を移転するのが生前贈与。その目的は、子供や孫たちが日々の生活や勉学でお金に困らないよう援助することもありますが、将来の相続税負担を少しでも軽くするため、今から財産を渡しておこうという人もいるでしょう。

　しかし、苦労して生前贈与を積み重ねても、思ったほど期待した効果を得られなかったり、特例の使い方を間違えたり、逆に家族間のトラブルを誘発してしまったりすることも少なくありません。

　そこでここでは、生前贈与に成功した事例と失敗してしまった事例を紹介し、その成否のポイントを明らかにしていきます。

1

生命保険の力をフル活用し生前贈与で次世代に資産を繋ぐ

上級相続診断士　一橋　香織

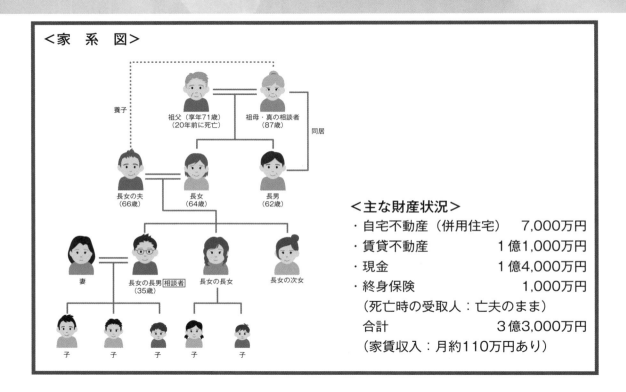

<家 系 図>

養子

祖父（享年71歳）（20年前に死亡）　祖母・真の相談者（87歳）　同居

長女の夫（66歳）　長女（64歳）　長男（62歳）

妻　長女の長男 [相談者]（35歳）　長女の長女　長女の次女

子　子　子　子　子

<主な財産状況>
・自宅不動産（併用住宅）　7,000万円
・賃貸不動産　1億1,000万円
・現金　1億4,000万円
・終身保険　1,000万円
（死亡時の受取人：亡夫のまま）
合計　3億3,000万円
（家賃収入：月約110万円あり）

1　背景及び意向把握

　相談者は30代の孫。

　今から数年前に、祖母の相続のことで相談に乗ってほしいと紹介者を通じて連絡がありました。

　相談内容は、毎年、確定申告を依頼している顧問税理士に相続税の試算を依頼したところ、相続税は5～6,000万円かかるといわれ、できるだけ相続税を低く抑えるために生前贈与を検討したいという相談内容でした。

　最初は、よくある祖母に生前贈与を勧めてほしいという、孫からの勝手な相談かと思い、少し身構えて話を聞いていました。

　話をしばらく聞いた時点で、孫は祖母の賃貸不動産の管理を任されており、顧問税理士に提出する確定申告のための書類作成などを日頃からしているようで、きちんと祖母から依頼されてきたということがわかりました。

そこで、筆者からもいくつか質問をしました。

① 詳細な家族関係及び家族仲
② 祖母がこれだけの財産を築いたのは何がきっかけか
③ 祖母は一人暮らしか、同居者がいるとしたら誰か
④ 祖母が相続対策で一番、重要視していることは何か
⑤ 遺言の有無
⑥ 他の相続人はどういう考えか
⑦ 借入金の有無
⑧ 財産の詳細がわかる書類等
⑨ 売却してもよい不動産の有無
⑩ 今までの贈与の有無

他にもいろいろと質問しましたが、筆者が重視したのは上記の内容です。

何度か祖母ご本人にもお会いし、ヒアリングを重ねた結果は以下のとおりです。

① 家族関係図を参照、家族仲はいたってよいが、病弱で15年前に仕事を辞めた長男の自分亡きあとの生活が心配
② もともとは夫が亡くなった際の相続財産だが、その後、併用住宅やアパートを建て家賃収入が安定して入る仕組みを作ってきたのは本人
③ 長男と同居、長男の生活の面倒は長男が働けなくなった15年前から祖母が扶養してきた
④ まずは、相続税を減らしたい。次に、長男含め一族がお金に困らない仕組み作りをしたい
⑤ ないが必要であれば書くつもりはある
⑥ これまでもそうだったが、祖母の意思に全面的に従う
⑦ 数年前に完済し、現在はなし
⑧ 税理士からの相続税の試算表提供及び対策に必要なものは何でも提供予定
⑨ アパート2棟は築20年のため売却してもよい、自宅不動産は長男のために残した

い
⑩ 孫3人に自宅不動産購入のための頭金を各1,000万円ずつ贈与済み

その他、筆者に相続対策を任せてもらう場合、筆者のビジネスパートナーである相続に強い税理士を入れてよいかどうかの確認をしたところ、何度もお会いしていろんな話をしているうちにすべて任せていただけることになりました。

さっそく、税理士も入れて再度、意向確認を行いました。

祖母は夫が亡くなった際に、すべての財産を自身が相続したことを悔いており、あの時にもう少しきちんと考えて子らにも相続させておくべきだったとしきりと話していました。

また、長男が15年前に腎臓を患い人工透析を受けなければならなくなったことで仕事を辞めており、自分亡きあと余命を全うするまで、きちんとした治療を受けかつ介護になっても孫たちに迷惑をかけないだけのお金を残しておきたいことや、孫やひ孫の時代は年金がどうなるかわからないので、今、贈与して贅沢を覚えさせることはしたくないが、仕組みを作って豊かな老後を送らせてやりたいなどの希望もうかがいました。

祖母はご自身で、夫亡き後に相続した財産をさらに増やしてきただけあって、87歳とは思えないしっかりとした金銭感覚と考えを持った方で深く感動したことを覚えています。

また、子を含む一族への絶対的な影響力と一族に対する思いが深い方で、ひ孫の老後の生活まで心配されていました。

「今は、老後2,000万円問題というのがあるんでしょ？ 私たちの世代は国からきちんと年金をいただけているけど、うちは国民年金だから家賃収入がなければ大変だったわ。子どもたちはまだいいとして、孫やひ孫の時代は年金なんて1円も出なくなるんじゃないかしら。この子たちが安心して老後を送れる

ように私の財産でなんとかできないかしら？相続税を減らして、孫や孫の財産を作れるように生前贈与したら何とかならない？　ただね、贈与したお金で無駄遣いをしたり、金銭感覚が狂うようなことにはなってほしくないの。どうしたらよいか、いいアイデアはないかしら」

「それと、最近、健康に自信がなくなってきたけど、長男のことがとにかく心配。この子が将来困らないようにしたいし、難し過ぎる対策は気力も体力もなくなってきたので避けてほしいわ」

そこで、筆者は「生命保険の力」を駆使すれば、この相談を解決できると確信し、対策案を考えることになりました。

2　対策案及び対策

まずは、相談者（以後は孫ではなく祖母本人とする）の対策における意向をうかがい、それにできるだけ沿うような対策案を提案することにしました。

相談者の最終的な意向は以下のとおりです。
① 長男の生活の安定（経済的な安定及び生活の質の安定）
② 長男亡き後の長男の財産をだれが承継するか（祖母は最初の相談者である孫を指名）
③ 養子に入ってくれた婿（長女の夫）への感謝の気持ちを何らかの形で表したい
④ 子・孫・ひ孫への贈与で、子孫の将来の生活の安定を図る仕組み作り
⑤ 結果、相続税が圧縮されること

これらを考慮し、チームの税理士・弁護士との協議も重ねて、以下のように提案しました。
① 公正証書遺言の作成を行い、自宅不動産は長男に相続させる旨を明記。
これにより、自宅と自宅の一部を店舗に貸

していることによる家賃収入が、現時点での家賃計算ではあるが月70万円を確保できる。

それ以外に、いずれ財産管理委任契約・任意後見契約か家族信託を組成して、委託者：長男、孫A：受託者とする仕組みを作る。
② 長男自身も公正証書遺言を作成し、自身の財産は老後の面倒をみてくれる予定の甥に遺贈する内容とする。
③ 受取人が亡夫のままの生命保険の受取人を養子に入ってくれた婿に変更。
新たに非課税枠分の500万円分の一時払い終身保険を契約し、その受取人も婿とする。また、遺言でアパート2棟を1棟ずつ、長女と婿に相続させる。
生前贈与後に残った金融資産は長男・長女・養子の婿で3分の1ずつ、端数が出た場合やその他の財産がある場合は長男とする。
④ 子3人と孫3人には年間300万円ずつ贈与、ひ孫5人にはそれぞれ年間100万円ずつ贈与する。
その贈与金を元に全員が米国ドル建ての養老保険に加入する（孫：60歳満期、ひ孫：55歳満期に設定）。
その後、満期保険金は年金受取りを選択。万が一、保険料支払い中に贈与者が亡くなっても最低3年間保険料が支払われれば、払済み保険に変更して満期まで寝かせておく。
⑤ 生前贈与を孫とひ孫にも行うことで、3年の持ち戻しを免れることができる。
また、年間2,300万円の現金が贈与で移転されるため、相談者が長生きすればするほど節税効果も高くなる。

筆者らの提案を受け、以下の修正希望が入りました。
・今後、生前贈与の持ち戻し期間が気になる。

長生きできなかった場合のことも考え、子には500万円ずつ贈与したい。

・生命保険は追加500万円の提案だったが、受取人は婿のまま、合計で2,000万円にしたい。

・万が一、想定外に長生きして手元の現金が乏しくなった際にはアパートを一棟売却して現金化したい。

これを受けて、アパートの売却時に相談者自身に判断能力があれば問題ないが、判断能力がなくなっている場合は、売却が困難となるため、家族信託を組成しておくのはどうかと提案してみました。

ただ、家族信託は長男には考えるが自分自身は少し仕組みが複雑で荷が重いと断られました。

また、アパートは1棟売却をなるべく早く行うことになりました。

最終的に修正したのは筆者らが提案した案のうち、③④となりました。

③　婿を受取人とする生命保険は追加で1,000万円分の一時払い終身保険を契約。
アパートは1棟だけとなるため、そのアパートは婿養子に相続させることで決定。

④　子3人は500万円ずつ贈与で決定。孫とひ孫は変更なし。
保険料が余る場合は、好きなように使ってよいと祖母から説明。

初回の孫の相談から対策実行まで面談20回近く、期間にして1年近くかかりましたが、ほぼ意向どおりの対策を実行まで持っていくことができました。

相続対策において生命保険には8つの力があると日頃から色々なところで研修をし、説明していますが、それが見事に実現できた事例ではないかと思います。

今回の対策では、相続診断士である筆者が相続コンサルタントとして司令塔をし、チー

ムメンバーは最終的に税理士・弁護士・不動産業・保険業が関わりました。

3　まとめ及び今後の課題

今回の相談は孫からの相談ということで、筆者も最初はどうなるかと懸念しましたが、先入観はよくないと感じた事例でもあります。

また、家族信託について、わかりやすく説明ができなかったことに力不足も感じました。

ただ、生命保険がこれほど相続対策に有効であることを証明できたのは非常によかった事例でもあります。

孫だけではなくひ孫にまで贈与をし、その贈与金で子孫の将来の生活を守りたいという相談者の想いにも深く感銘を受けました。

この事例を通して、皆さんにお伝えしたいことは、以下です。

□ヒアリングには時間をかけしっかりと想いを聞き、対策を急がない

□相続対策は気力・体力のあるうちに行うことが大切

□生前贈与は早めに長く行うことが大切

□孫に生前贈与を行えば持ち戻し期間は関係ない

□生命保険は相続対策において大きな力を発揮することを理解する

□相続対策には信頼できるチームが大切

□知識は礼儀、学び続けることが大切

この相談者とは長くお付き合いするために相続コンサル顧問契約を結びました。

年に2回訪問し、色々なお話をし、信頼関係をさらに深め、金融資産の残高を財産目録にまとめて税理士と共有しています。

それにより、子や孫の相続対策も依頼されるようになりました。

今後の課題としては、長男の財産管理委任契約・任意後見契約及び遺言作成や長女の相続税対策及び遺言作成が残されていますが、

すべて受任予定です。

　また、当初の相談者である孫とはこまめに連絡を取り合い、資産運用・火災保険の相談など筆者で対応できない相談もチームで対応しています。

笑顔相続へのポイント

　「贈与はしたいけど、むやみに使ってほしくない」という贈与者が抱く悩みに対して、生命保険の機能で解決した事例です。

　贈与は、その財産の管理・支配権も渡すから贈与なのであって、財産は渡したけれど、受け取った側はその財産を自由に使えないどころか、その存在すら知らされていないのでは、贈与が行われたとはいえません。これこそが税務上問題となりやすい「名義預金」です。

　本ケースの相談者も、相続税を減らして次世代に多く遺したいという気持ちがありましたので、名義預金と認定されることは避けなくてはなりません。

　相談者の意向を実現し、かつ将来のリスクにも対応した、素晴らしい事例だったといえます。

2

過去に特定の相続人に贈与があった家族

相続は不合理と不条理のかたまり

相続診断士・ファイナンシャルプランナー　伏見　幸信

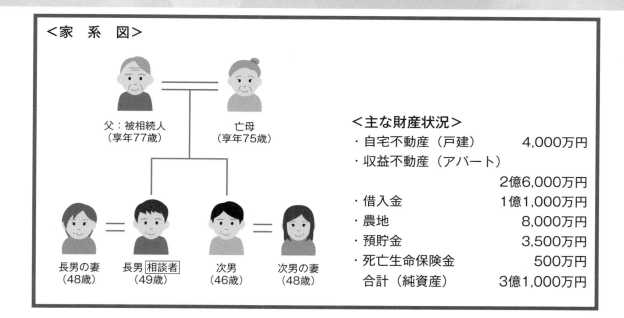

<家　系　図>

父：被相続人
（享年77歳）

亡母
（享年75歳）

長男の妻
（48歳）

長男 相談者
（49歳）

次男
（46歳）

次男の妻
（48歳）

<主な財産状況>

・自宅不動産（戸建）	4,000万円
・収益不動産（アパート）	
	2億6,000万円
・借入金	1億1,000万円
・農地	8,000万円
・預貯金	3,500万円
・死亡生命保険金	500万円
合計（純資産）	3億1,000万円

「兄貴だけ遺産をもらいすぎだ！　俺にも権利があるんじゃないか？」と弟（次男）から責められていると、相談がありました。

1　家族の状況

会社員の長男は、生まれ育った自宅で父親（77歳で他界）、妻と同居。休日は父親と一緒に農業を行い、家業を手伝っていました。次男夫婦は大手企業の転勤族で、国内外を転々としていました。盆、正月は実家に集まるのが毎年の恒例行事で、妻どうしが同い年ということもあって、買い物や旅行も共にす

る仲睦まじい家族でした。

父親が他界し100日が過ぎた初盆のとき、誰からともなく相続の話が出たそうです。

父親は資産状況を把握していたし、先代の相続も経験していたので、「相続対策はしてある。困ることはない」と日々常々口にしていたそうです。そんな中病に倒れ、3年間の闘病を経て亡くなりました。

遺産分割の話では、長男は次男に父親の預貯金から2,000万円を相続分として渡したいと伝えました。その途端、次男夫婦の血相が変わりました。長男の想いは「自宅は当然居住中だし、賃貸アパートについては借入金の

保証人にもなっている、地元の農地は転勤族の次男には任せることはできない。そして次男には、父が結婚の際1,000万円渡していた。転勤するたびに困るんじゃないかと大金を渡していたことも父から聞いている。また父の看病は妻がパートを辞めて、3年にわたり献身的に看ていた。だから預貯金と生命保険を含めた4,000万円を2人で分けよう」と話したそうです。

　すると次男からは、「兄貴だってリフォーム代や生活費（光熱費）を出してもらってたじゃないか！　一緒に住んでいるんだから父さんの看病をするのは当たり前だろ。転勤して遠くにいるんだから、看病もできなかったんだよ。うちの妻を悪く見ないでくれよ。賃貸アパートの収入も結構な額が入ってくるんじゃないか。定年になったら実家の近くで農業しながら住もうと思ってるんだ」──感情と感情がぶつかり合い、過去の金銭の授受についてもお互いが揚げ足を取るような口論となって、協議どころではなくなってしまいました。

　そして、次男は弁護士に相談することになりました。長男も弁護士と相談し、親戚の目や今後の妻との生活、先祖代々の土地を守ることを考え、次男に4,000万円を現金で渡すことを提案。調停や審判分割せずに、遺産分割協議を終えたそうです。

　当然、仲が良かった兄弟夫婦はそれ以降、口を交わすこともなくなってしまい、盆正月も集まることなく、次男は密かにお墓参りにやってくるだけになってしまいました。

2　このケースの問題点

　このトラブルの要因は、①大半の資産を長男が相続しようとしている点、②兄弟夫婦で特定の人（家族）が被相続人の面倒をみていて寄与分があるのではないかという点、③兄弟共に多額、不明確な生前贈与が見受けられ、特別受益になるのではないかという点、④財産状況が不動産に偏っている点、⑤兄弟の配偶者や他人が口を出している点──が挙げられます。

　私はセミナー等で「相続は不合理かつ不条理のかたまりで、命とお金と感情が複雑に絡み合います。だからトラブルが発生するんです。そして家族の抱えている問題は家族でしか解決できません」と話しています。地方であればもっと複雑なことがあります。地方の小さなエリアで親戚縁者が多い場合、「相続で揉めている、遺産の取り合いをしている」といった話題が地域に広まることで、そのエリアに住めなくなってしまうこともあるのです。あまりにも不条理です。

　「相続対策はしてある。困ることはない」と常々話していた父親は、相続税対策や今後の暮らしに必要な資金についての対策はできていました。ただ、相続はお金や財産といった数字のことだけでなく、愛情などの感情が絡んできます。その絡みを紐解くのは父親の「想いや考え」といった最期の意思表示ではないでしょうか。

　亡くなってしまった被相続人は、当然話すことができません。意志（遺志）や考えを伝えることはもちろん、相続人は話を聞くこともできないのです。だから、自身の財産をどのように遺していくのかを遺言というかたちで残すことが大切なのです。

　「終活」という言葉も聞くようになり、遺言書の作成やエンディングノート作成は以前に比べ、いくらかは普及してきました。ただ、まだまだ浸透していないのが現実です。

　なぜ浸透していかないかというと、相続が自分の死亡によって発生するものだからです。なかなか死をイメージしたくない、できないといったことから、エンディングノートや遺言書作成が滞っている人たちを散見します。たしかに、遺言書を作成している人もたくさんいますが、揉めてしまう遺言書が数多く存

在していることも現実です。

遺言書は「○○○（遺産）を長男に相続させる」といった書式をイメージする人が多いと思われますが、これでは被相続人の想いや考えが全く伝わりません。

例えば、この事例の家族で考えてみましょう。「長男には先祖代々守ってきたこの自宅、農地を守っていってほしい。近所や親戚付き合いは大変だろうけど後世に○○家をこの地に遺していってください。次男よ、転勤で一緒にいる時間が少なかったけれど、お前もかわいい息子だ。お母さんが生きていた時からずっと貯めていた貯金を大切に使ってほしい。そしてパートを辞めてまで看病してくれた□□（長男の妻）さん、遠くで心配してくれていた△△（次男の妻）さん、最期まで本当にありがとう。お世話になりました。保険金の受取人を2人にしてあります。これからも仲良く買い物や旅行に行ってください」

このようなメッセージ（付言事項）が、遺言書に父親の「想いや考え」として記載されていたら、相続人はどのように感じるでしょうか。相続人の心を動かすにはお金や遺産の大小ではなく被相続人の「遺志」が伝わるか否かではないでしょうか。

また、今回のケースは寄与分と特別受益にトラブル要因が存在しました。寄与分については、長男の妻がパートを辞めて療養看護に寄与していたということ。ただ、相続における寄与分は相続人にしか認められていません。それゆえ、相続人でない長男の妻には認められないのです。しかしながら、経済的損失、実質的看護の関わりは認めざるを得ません。

また、生前に贈与されたお金が特別受益となるのかも争点となります。父親は均等に贈与や支援をしていたにもかかわらず、相続の場面では火種となってしまいました。仲の良い兄弟姉妹であっても、寄与分と特別受益は火種となるケースが多いのです。中には生前に親の依怙贔屓（可愛がられた子とそうでない子）を根に持つケースもあります。まさしく「感情」の論争です。こうなってしまうと、お互いで話をすることすらできなくなり「争族」となってしまいます。

笑顔相続へのポイント

贈与を行ったことが、相続の問題をより深刻にしてしまったといえる事例です。

亡くなったお父さんも、このような状況を望んでいなかったと思いますが、それにしては、対策のツメが甘かったといわざるを得ないでしょう。

贈与は当事者間の合意があれば行えてしまいますが、本ケースでは、贈与の合意だけでなく、父の想いや考えに対する理解も取り付けておくべきだったでしょう。

想いのない相続が争いを生むように、想いのない贈与も争いを生みます。

3

異母きょうだいがいる家族

長男が先立ち、その財産ですでに「争族」となっている母の財産

相続診断士・ファイナンシャルプランナー　八代醒　達雄

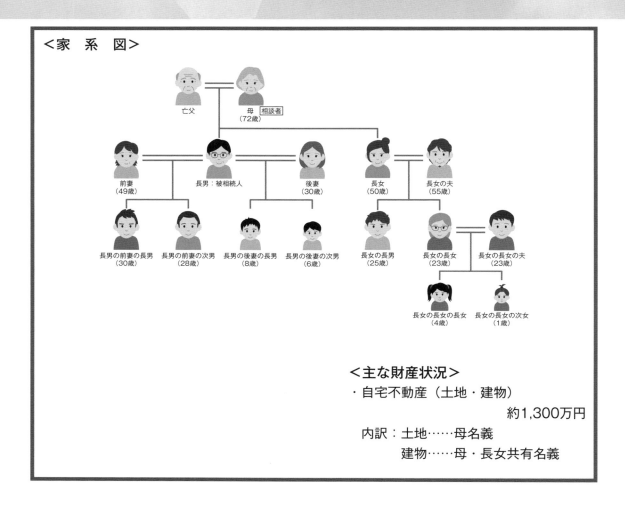

＜家 系 図＞

亡父　　母 [相談者]（72歳）

前妻（49歳）　　長男：被相続人　　後妻（30歳）　　長女（50歳）　　長女の夫（55歳）

長男の前妻の長男（30歳）　　長男の前妻の次男（28歳）　　長男の後妻の長男（8歳）　　長男の後妻の次男（6歳）　　長女の長男（25歳）　　長女の長女（23歳）　　長女の長女の夫（23歳）

長女の長女の長女（4歳）　　長女の長女の次女（1歳）

＜主な財産状況＞
・自宅不動産（土地・建物）

約1,300万円

内訳：土地……母名義
　　　建物……母・長女共有名義

　イベントに参加した顧客の自宅を訪問し、保険の相談を受けることになりました。その際、私が相続診断士で、相続相談、相続イベント、相続セミナー講師などの活動をしていることをお伝えしました。すると、顧客の表情が一変し、奥にいる自分の母親（家系図の長女）に声を掛けたのです。

　「お母さん！　この人、相続の相談に乗ってくれるらしいよ！」

　これが、今回の相続相談の始まりでした。

その声のトーンと大きさから、訳ありな感じがしていましたが、はたして予想は的中し、かなり複雑な状況でした。

1　家族の状況と問題点

　家族構成は家系図のとおりですが、父親は他界し、母親は最近弱ってきていて、それもこの相続の問題が悩みの原因なのかもしれないとのこと。長男と長女の2人の兄妹であったが、長男が数年前、若くして病気で他界しました。長男の生前の家族は、2人の息子と妻の4人家族。その妻とは再婚で、前妻との間にも2人の息子がいました。

　母は一時、前妻の息子たちの面倒をみていたこともあったようです。再婚後、前妻の家族とは離縁となり、長男は再婚後、2人の息子が生まれ、その息子たちは現在小学生。

　問題点の1つ目は、その長男が他界したことで、前妻の息子と後妻の家族との遺産分割問題が発生し、それが「笑顔相続」でなく、「争族」となっていました。長男の財産は自宅不動産といくらかの現金・保険金で、遺言書はなく、遺産分割協議が行われ、法定相続の分割となるので、配偶者（後妻）が2分の1、残りの2分の1を子（全員）で分割する。今回のケースでは、もちろん前妻には相続財産を受け取る権利はないが、長男の血のつながった子供全員、すなわち前妻の息子2人と、後妻の息子2人の計4人がそれぞれ均等に8分の1ずつ財産を受け取る権利がある。それがたとえ、長年にわたって縁が途絶えていて、その長男の財産が後妻と共に築き上げてきた財産であっても、その財産名義が長男であれば、やはり前妻の子供たちに均等に受け取る権利が発生します。

　人は自分が突然死を迎えることは想像しません。ましてや、そんな若くして。しかし、それは起こり得るのです。このケースのように、前妻の間に子供がいる場合は、公正証書遺言を残すなり、何かの対策を打っておく必要があります。今回はその対策がなされていなかったことと、それぞれの立場の思いや権利の主張が交錯して、「争族」となってしまいました。

2　対応策とその結果

　母親は、今のところ直接的な影響はないものの、その情報が耳に入ってきて、次に自分が他界した時もほぼ間違いなく同じことが起こるであろうと想像し、日々憂鬱になっているとのことでした。というのも、母親の相続が起これば、遺言などの対策を何もしていない限り、その母親の財産は、長女（2分の1）、残りの2分の1は長男の子供たち4人で相続分割協議を行う必要があるのです。母の想いは、長男の子供たち、つまり孫たちではあるけれど、離れ離れになってから時間も経つし、財産も現在、長女の子供家族を含む4世代、合計8人が住む不動産（土地・建物）と年金が少しあるだけで、それが自分の相続で財産分割争いが起こるかと考えると心が痛むとのこと。

　そういう問題を抱えているところに、相続診断士の私が訪問したのでした。

　今回の要望としては、「母の財産はすべて長女に渡したいことと、それができるのなら、どうしたらよいのか」、というものでした。

　本来、法定相続に従って分割するとしか考えられないとなると、母親の想いを無碍にしてしまうことになります。相続は、相続人の想いを優先し、しかるべき人がその財産を受け取るものです。このことを踏まえた対応策は、次のとおりです。

⑴　相続時精算課税制度を利用して、生前に長女に不動産を贈与（名義変更）する

　メリット①…2,500万円以下の財産であ

れば、とりあえず贈与税は
かからない。

　メリット②…相続時に母親の財産をほぼ
　　　　　　なしとし、財産分割の必要
　　　　　　がなくなる。

　デメリット①…一度、制度を選択するとそ
　　　　　　　の後変更できない。

　デメリット②…相続では登録免許税0.4％
　　　　　　　だが、贈与の場合は登録免
　　　　　　　許税2％＋不動産取得税も
　　　　　　　かかる。

　デメリット③…遺留分の減殺請求（編注・
　　　　　　　改正前）の可能性が残る。

(2)　公正証書遺言を準備して法的に、長女にできるだけ多くの財産を渡す

　メリット①…法的に確実に、長女に財産
　　　　　　を渡すことができる。

　メリット②…公証人など専門家が関与す
　　　　　　るので、間違った内容を遺
　　　　　　すことがない。

　メリット③…原本は公証役場に保管され
　　　　　　るので、偽造・紛失がない。

　デメリット①…法定相続人には遺留分の権
　　　　　　　利があるので、すべての財
　　　　　　　産を長女が受け取る内容と
　　　　　　　なっていても長男の4人の
　　　　　　　子供に合計4分の1（それ
　　　　　　　ぞれ16分の1）準備する
　　　　　　　必要がある。

　デメリット②…証人を用意したり、準備・
　　　　　　　手続きなど、手間がかかる。

(3)　不動産を売却し、ローン完済し、余剰金があれば母親の生活費にする

　メリット①…母親の財産をほぼ皆無にし、
　　　　　　分割時の争いを避けること
　　　　　　ができる。

　メリット②…住宅ローンが完済できれば、
　　　　　　その支払いの負担から解放

される。

　デメリット①…4世代8人が住む家の売却
　　　　　　　となるので、新しい住宅が
　　　　　　　必要となる。その場合、家
　　　　　　　族がバラバラになってしま
　　　　　　　う可能性もある。

　デメリット②…売却のための不動産会社を
　　　　　　　探したり、仮に売却できた
　　　　　　　としてもその価格が、家族
　　　　　　　が思う売却額となるかわか
　　　　　　　らない。

　相続診断士として、「笑顔相続」のために
ご案内した内容は以上のとおりです。

　その後、さらに家族と話を繰り返していく
中で、母親の体調が日に日に悪くなっていて、
病院に通うことも多くなっていることや、母
親や長女の預貯金が少ないこと、今後、煩雑
な手続きやそれに伴う時間をかけたくないこ
となどを聞き、最終的に家族が決断したのは、
(3)の自宅不動産の売却でした。

　不動産売却後の家族の住まいについては、
母親に姉妹がおり、そこに母親と長女、その
夫が住み、長女の息子は一人暮らし、長女の
娘の家族は、新たに賃貸住宅に居住するとの
こと。家族は離れ離れとなってしまいますが、
そのことよりも、よほど将来、長男の息子た
ちとの遺産分割争いを避けたかったのだと伝
わってきました。

　自宅不動産の売却については、その住宅を
購入した際の仲介業者だけしか知らないとの
ことでしたので、より公平な条件になればと、
私のパートナーである不動産仲介業者を紹介
しました。最終的には、当初購入した仲介業
者が1,200万円で買い取ることとなり、少し
希望額より下回ったようですが、パートナー
の不動産仲介業者によると評価としては高め
の金額とのことでした。

　その後、家族がすぐに転居先を探したり、
引っ越しの準備をしたりと忙しい日々となり、

４世代８人がにぎやかに仲良く住んでいた家族も、バラバラになっていったのです。

ご家族からは「親身になって相談に乗っていただき、ありがとうございました」との感謝の言葉をもらいました。「争族」とはせず「笑顔相続」にするために、家族と一緒に時間を重ねて検討をし、確かに「争族」は避けられたかもしれませんが、果たしてこれが最善の対策だったのか？　もっと他に対策はなかったのか？　自分自身に疑問を残した結末となりました。

我々、相続診断士が机上で検討する対策には「勘定」はあっても「感情」が加味されていない場合があります。しっかりと家族に寄り添い「感情」を感じて、ベストは難しくとも、ベターな提案をすることが「笑顔相続」につながっていくのだと考えます。

笑顔相続へのポイント

筆者自身も感じたように、本ケースで自宅不動産を売却することがはたして最善だったのでしょうか。争いを避けるためとはいえ、家族が集う場を失った代償は大きかったといえるでしょう。民法改正により、2019年7月以降、遺留分を計算する際の特別受益の対象が相続開始前10年以内の贈与と定められました。

本ケースは2016年以前のものですので、今であれば本ケース(1)の方法により、生前に自宅を長女に贈与しても、贈与から10年以上母が存命であれば、相続時に特別受益の持ち戻しを受けず、遺留分にも影響させることも可能です。現行の制度をきちんと理解し、最善の提案を行っていきましょう。

4

自社株が家族に分散しているケース
相続時精算課税による贈与で後継者に株式集中

相続診断士・税理士　藤垣　寿通

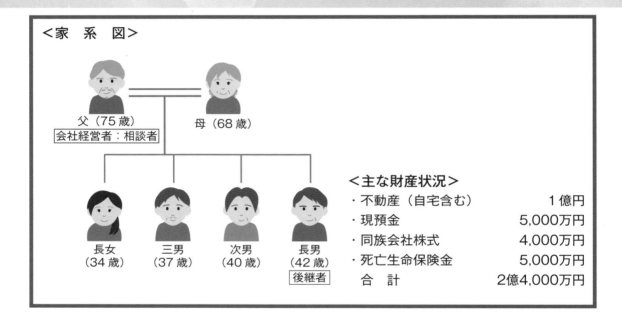

<主な財産状況>

・不動産（自宅含む）	1億円
・現預金	5,000万円
・同族会社株式	4,000万円
・死亡生命保険金	5,000万円
合　計	2億4,000万円

　ある会社経営者が筆者のもとに相談に訪れたのは、今から10年ほど前のことでした。その人は30年近く製造業を営んでいて、ちょうどその年に65歳になったそうです。

　「そろそろ息子が会社に戻ってきてくれそうなんです。そのために、何か準備しておくことはないでしょうか？」

　そんな相談がきっかけで、事業承継をサポートすることになりました。

1　家族の状況

　家族構成は、父親（相談者）と母親、子供

は長男、次男、三男、長女の4人。自動車関連部品を製造する小さな工場を経営していて、父親と母親、そして社員4人、パート2人の会社です。社長である父親が外回りで仕事を取ってきて、母親は総務と経理、社員とパートは工場で部品を製造しています。経営状態は、大手自動車メーカーの傘下ということで安定。コツコツと長く堅実に経営してきたこともあり、内部留保をしっかりと貯めていました。

　それから3年後、長男が会社を承継するために戻ってきました。長男は自動車メーカーに勤務していましたが、その会社を退職して

父の会社に入社しました。ここから事業承継が始まりました。

事業承継のポイントは、大きく2つあります。

① 後継者が、次期社長に就任するときまでに経営者のマインドを養いながら、社内外との人間関係を構築すること。

② 自社株をどうやって後継者に渡していくのかという設計をすること。

この2つの方向性が定まれば、あとはスケジュールを考え実行していくだけです。新社長就任がソフトランディングできれば理想です。

2　このケースの問題点と対策

この家族には解決しなければならない問題が2つありました。それは持ち株のことでしたが、一般的には、父親や母親が持っている株式を、どうやって下の世代に移すかの問題と捉えます。それは今回のケースにも当てはまります。

そしてもう1つの問題は、子供たちきょうだい間の問題でした。この会社を設立した経緯は、開業して10年個人事業として営業し、その後、法人成りして会社経営に切り替えました。相談に来た時に会社は20期。設立当時は長男が12歳、一番下の長女は4歳で、誰がこの会社を継いでいくのか、考えられなかったそうです。そこで、父は、はじめから子供たちに株を持たせておこうと考えました。株式の内訳は、こうでした。

・父　80株　　・母　40株
・長男　20株　　・次男　20株
・三男　20株　　・長女　20株
合計200株

長年にわたり積み上げてきた内部留保により、株価が上昇しています。長男が事業承継した後、きょうだいが保有する株式をそのままにしておくと、いずれそのきょうだいが亡くなり、相続によりその下の世代へ株式がわたってしまいます。それだけ時間が経つと、さらに株価が値上がりしている可能性があることと、縁が遠くなることで株式の買戻しも困難になってしまいます。

筆者が社長に、

「長男が事業を承継した後、他のきょうだいが持っている株式はどうするのですか?」

と聞いたところ、

「そこまでは、考えていませんでした……」

すでに株価は、額面5万円の10倍以上になっていましたので、長男が買い戻すためには資金が必要です。この対策として、父親が加入している生命保険の受取人を長男に変更してもらいました。父親が亡くなった時には、ある程度の現金が長男の手元に残れば、その資金を使ってきょうだいから株式を買い取ることができるからです。

そして、父親と母親が持つ株式については、長男に贈与することにしました。現在の税制では、贈与には二つの制度があります。

○暦年課税制度

○相続時精算課税制度

前者の暦年課税制度は、原則的な贈与の制度です。個人が年間110万円を超える財産をもらったときに贈与税がかかるというものです。これに対し、後者の相続時精算課税制度とは、その名のとおり相続の時に税金を相続税で精算する制度です。贈与時には2,500万円までは贈与税がかからず、それを超えた場合はその超えた金額の20%の贈与税が課税されます。この制度を利用することで、暦年課税では高額となる贈与税がかからなかったり、かかっても低い金額で抑えられます(その代わりに相続税で納めます)。

このケースでは、確実に長男に株式を移したかったので、相続時精算課税贈与により、父親と母親から贈与を行いました。ちなみに、遺言書を使っても株式は長男に相続すること

ができましたが、今回は贈与を選びました。その理由は、会社の株価が上がり続けていたからです。実は、相続時精算課税制度を使ったときに相続税申告時に加算する贈与財産の価額は、贈与時の価額なのです。遺言書で相続した場合は、当然相続時の価額で課税されますが、相続時精算課税制度を利用したため、株価が上昇していてもその値上がり分は課税されないのです。ただし、逆に株価が下がっていても、贈与時の価額で相続税が課税されるので注意が必要です。

今回のケースでは、後継者（長男）のきょうだいたちが持つ株式の対策と、父母が持つ株式を贈与により承継したことがポイントでした。現在、この会社は、すでに社長交代して５年ほど経過し、経営状態も安定しています。父親は会長として会社に関わりつつ、第二の人生を夫婦で楽しんでいます。いつ相続をむかえても不安がない状態となりました。

事業承継は、まさにケースバイケースで、その会社ごとに対策は異なりますが、まずは問題をきちんと把握し、一つずつ対策していくことが大切です。

笑顔相続へのポイント

相続時精算課税制度による贈与の特徴として、その贈与者の相続が起こった場合には、それまで贈与を受けた財産は、贈与の時期を問わず、すべて相続財産に含めて相続税を計算しなければなりません。

したがって、暦年課税制度による贈与のように、年110万円の基礎控除額を用いた節税効果は見込めず、本ケースのように、今後値上がりが見込まれる株式や不動産などの価額の固定と、その名義を生前に移転する目的で用いられてきました。

しかし、税制改正により、2024年1月以降は、相続時精算課税制度にも年110万円の基礎控除額が創設されるため、今後は制度を利用される方が増えることでしょう。

5

オーナー社長から実子以外への事業承継
事業承継税制の活用で節税と老後の資金確保

相続診断士・公認会計士・税理士　川井　佳和

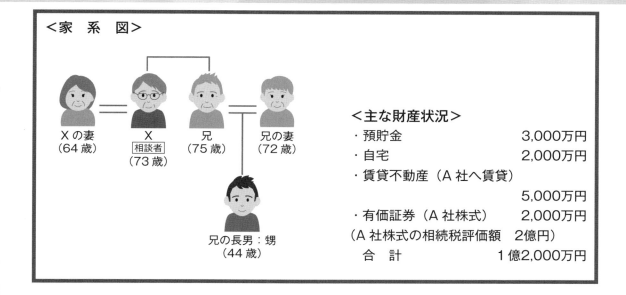

＜家系図＞

X の妻（64歳）＝ X [相談者]（73歳） — 兄（75歳）＝ 兄の妻（72歳）

兄の長男：甥（44歳）

＜主な財産状況＞

・預貯金	3,000万円
・自宅	2,000万円
・賃貸不動産（A社へ賃貸）	5,000万円
・有価証券（A社株式）	2,000万円
（A社株式の相続税評価額　2億円）	
合　計	1億2,000万円

1　家族の状況

　本事案は、大手自動車メーカーを主要得意先とする建築・工事会社A社が舞台です。

　創業者XがA社を創業したのは約40年前、30代前半の頃でした。Xの営業力と工事の品質の良さから得意先の信頼を得て、景気の浮沈や天災にも屈せず、創業以来約40年間毎期利益を出しています。

　Xと妻との間に子供はいません。

　ここにきて、Xは高齢のため、事業承継を考え始めました。A社には約20年勤めているXの甥がいます。甥は得意先との関係が良好で、社内でも人望が厚いことから、「彼を後継者に」と考えるに至りました。

2　このケースの3つの課題

　甥にA社を譲ろうと決意したものの、実行に移すにあたって3つの課題が出てきました。
課題①

　A社は約40年にわたり毎期利益を計上する一方で、配当をしてこなかったため、潤沢な内部留保がある。Xが保有するA社株式の評価額を算定したところ、約2億円とかなりの高額になっている。甥には買取り資金がないため、どのように調達するか。

課題②

　Xが保有し、A社に賃貸している本社社屋を誰が保有するか。

課題③

　Xの妻がA社株式の35％を保有している。現在会社経営にはノータッチであり、かつ、従来から甥との折り合いが悪いため、これを機にA社との利害関係がないかたちにしたい。

　Xがこの課題をメイン取引銀行に相談したところ、持株会社を用いた次のようなスキームの提案がありました。

(イ)　甥が全額出資して新会社B社を設立し、銀行借入れを原資として、A社の全株式及び本社社屋を買い取る。

(ロ)　A社からB社に対し、不動産賃借料及び配当金を支払い、銀行借入れの返済原資とする。

　A社は、筆者の所属する税理士法人にこのスキームの実行可能性についてセカンドオピニオンを求めてきました。検討結果は、上記3つの課題はクリアできるものの、借入金額が巨額になることから、金利負担が毎年500万円以上になるというものでした。

　これまで実質無借金経営を続けてきたXとしては、将来が確約されていない中でA社の配当金を返済原資として、甥が数億円の負債を背負うことと、毎年500万円以上の金利負担が生じることは経営の重荷になると感じ、このスキームの実行に躊躇しました。

3　対策とその結果

　そのとき、税理士法人から「非上場株式等についての相続税及び贈与税の納税猶予及び免除の特例」（いわゆる「事業承継税制」）の要件を満たせるので、これを活用して株式を贈与することにより、贈与税の支払いが猶予される、という提案をしました。これにより、負債や金利を負担することなく課題①をクリ

アできる目途がつき、次のように各課題をクリアして事業承継を実行に移しました。

(1)　課題①の実行

ⓐ　Xが代表取締役を退任し、甥が後任として就任。また、X退任時に役員退職慰労金を支給する。

ⓑ　A社、贈与者（X）及び受贈者（甥）が、経営承継円滑化法の要件を満たしていることに関して、経済産業大臣の認定を受ける。

ⓒ　退任期の翌期に、Xが保有する株式を甥へ贈与する。

(2)　課題②の実行

○本社社屋は、銀行借入れを原資としてXから甥が買い取る。

(3)　課題③の実行

○Xの妻が保有するA社株式は、内部留保を原資として、A社が自己株式として買い取る。

　A社に関わる財産は、甥又はA社が引き取り、事業存続への障壁がなくなりました。

　事業を承継した甥は、株主かつ社長として、中長期的視点を持ち、営業力及び技術力の強化や、内部管理体制のIT化に積極的に取り組んでいます。新社長のそうした姿勢が従業員のモチベーションアップにもつながり、その結果として、業績はこれまでよりもさらに良くなっています。

　Xは、A社の継続に道筋を付けると同時に、妻にまとまった現金を生前に渡すことができました。また、死亡時の財産はすべて妻が相続する旨の公正証書遺言を作成し、妻の老後資金も確保しました。

　Xは甥の会社経営を見守りつつ、相談役として甥から相談があればアドバイスする、という理想的な関係を築いています。

　事業承継税制活用時に多くの人からよく受

ける質問について、２点補足しておきます。

① 贈与者（X）が死亡した場合、贈与時に納税猶予されていた税額の２割を納付することにより、残り８割は引き続き納税猶予を継続することができます。

② 受贈者（甥）が死亡した場合、納税猶予されていた税額の納付は免除されます。したがって、遺された家族に贈与税負担はかかりません。

笑顔相続へのポイント

本ケースは事業承継税制の一般措置を活用したものですが、その後の税制改正を経て、事業承継税制には特例措置が設けられました。特例措置によれば、対象株式が全株式（一般措置は総株式数の３分の２まで）に拡大され、対象となる贈与者も、会社の代表を務めたことがなくても一定要件を満たせば認められることになりました。

しかし、この特例制度は期間限定です。2024年３月末までに計画書を提出し、2027年12月末までに行った贈与でないと、特例制度の対象にはなりませんので、くれぐれもご注意ください。

6

むやみな生前贈与はトラブルのもと

相続対策は多角的に判断していくことが肝要

相続診断士・特定行政書士　加藤　祐基

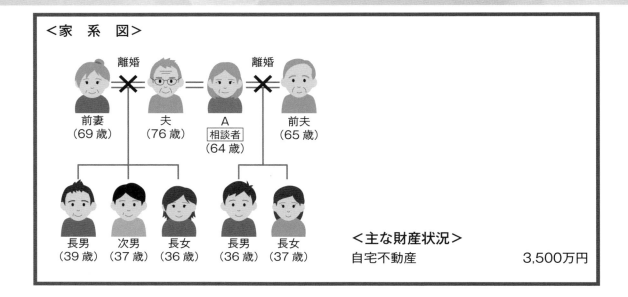

<家　系　図>

前妻（69歳）　離婚 ✕　夫（76歳）＝　A 相談者（64歳）　離婚 ✕　前夫（65歳）

長男（39歳）　次男（37歳）　長女（36歳）　長男（36歳）　長女（37歳）

<主な財産状況>
自宅不動産　　　　　　　　　　　3,500万円

1　家族の状況

　相談者であるAさんとの出会いは、行政書士として介護事業所から重度訪問介護の指定申請の依頼を受けた際に、その介護事業所をAさんの夫が利用していたことがきっかけでした。

　Aさんは、とても面倒見の良い人で、重度訪問介護の指定申請の依頼が無事に終わった後も、親交が続いていました。

　そんなある日、介護事業所の代表者から、Aさんががんの宣告を受けたとの連絡が入りました。Aさんは、いつも明るく元気な人だ

ったので、突然の連絡に驚きましたが、腰に激しい痛みがあり、病院で精密検査をしたところ子宮頸がんを発症していたとのことでした。

　首から下が動かない重度の障害を抱える夫の介護を続けてきたAさんであり、介護を続ける中でのがんの宣告は非常にショックなことだったと思いますが、「夫とともに、生きて生きて生き抜いていく決意で頑張ります」と力強いメッセージをもらいました。

　予定していた手術が延期になるなど紆余曲折はありましたが、二度の手術を経て無事に退院。その後の病理検査でも、がんは完全に切除されていて、リンパなどにも転移してい

ないとの診断を受け、Ａさんは順調に回復を
しました。

2 生前贈与による相続対策は時として逆効果になること

Ａさんは、何年も夫の介護をしており、自分のほうが先に亡くなるかもしれないということなど考えたこともありませんでしたが、がんの宣告、手術という経験を経て自分が先に亡くなることについても意識したとのことです。そのような中で、Ａさんの相談を受けることになりました。

Ａさん夫婦は、それぞれ再婚同士であり、夫と前妻との間には３人、Ａさんと前夫との間には２人の子どもがいます。

Ａさんの子どもと夫は、関係も良好であり、夫の介護の手伝いもよくしてくれているとのことです。一方で、夫の前妻との子どもたちとは長い間会っておらず、関係は疎遠とのことでした。

Ａさんの想いとしては、最後まで夫の世話をしていく気持ちであるが、万が一、自分のほうが先に亡くなってしまった場合には、自分の子どもたちに夫の面倒をお願いしたい気持ちであり、その分、夫婦の財産も自分の子どもたちに残したいということでした。

また、相続財産としては、土地建物の不動産の名義が夫名義となっており、それが主な財産ということでした。

夫は、再婚をするタイミングで、公正証書遺言を作成しており、すべての相続財産をＡさんに相続させる旨の内容の遺言書があるということでした。

Ａさんの相談を聞く中で、２点の懸念が生じました。

それは、①夫よりもＡさんが先に亡くなってしまった場合、上述の遺言書の内容は無効（民法994条１項）となってしまうため、法定相続分どおり、前妻の子どもたちが法定相続人となり、Ａさんの想いが実現されない点、②Ａさんよりも夫が先に亡くなり、上述の遺言書の内容どおりに遺産分割が進めばよいが、前妻の子どもたちが遺留分侵害額請求を行い（民法1046条１項）、請求された金銭が支払えない場合、住んでいる建物を売却するなどし、出ていかなければならない可能性がある点でした。

これらの懸念を解消するために、夫名義の不動産をＡさんに生前贈与する案が考えられました。

そして、その生前贈与をするにあたっては、居住用不動産の贈与税の配偶者控除を使うのはどうか、また、そのように贈与された配偶者への居住用不動産は、民法903条４項による持戻し免除の意思表示の推定規定に該当し、遺留分侵害額請求の対策になるのではないか、という２点が検討事項として挙がりました。

まず、居住用財産の贈与税の配偶者控除という制度は、婚姻から20年経っている夫婦の間で、居住用の不動産を贈与する場合、2,000万円までは非課税となる特例です。ただ、今回のケースは、この特例を使う必要がないケースといえました。なぜなら、夫婦間においては、生前贈与して贈与税の控除を受けなくても、そもそも相続において１億6,000万円までの配偶者の税額軽減が適用されるためです。

さらに、生前贈与を行うと、Ａさんには、不動産取得税と不動産の名義を変更する登録免許税が発生するのに対し、相続する場合には、不動産取得税は非課税となり、登録免許税も生前贈与に比べて優遇されることを加味すると、居住用不動産の贈与税の配偶者控除による相続対策を利用することは、結果的に損になってしまうことが判明しました。

そして、遺留分侵害額請求への対策という点についても、遺留分を計算する際には、生前贈与の金額は遺産に持ち戻して計算する必要があるため（民法1043条１項）、法定相続

人が有する遺留分の侵害額については変化がなく、遺留分侵害額請求への対策としては、生前贈与は無意味でした。したがって、夫名義の不動産を生前贈与する方法は使わないほうが良いという結論となりました。

3　生前贈与以外での相続対策

　Aさんの想いを実現する方法として考えられるのは、夫の遺言書を作り直し、予備的遺言としてAさんが先に亡くなった場合には、Aさんの子どもたちに遺贈させる旨の条項を加える方法が考えられました。また、前妻の子どもたちから遺留分侵害額請求をされた場合に備えて、遺留分相当額の金銭の支払いができるように、今のうちから準備していく方針となりました。

　さらに、万が一、Aさんのほうが先に亡くなった場合に備えて、Aさんにも遺言書の作成を提案しました。なぜなら、遺言書がない場合には、基本的には法定相続分どおりにAさんの財産が分割されますが、二次相続（Aさんの財産を相続した後の夫の相続）を考えると、夫へ相続された財産は、夫と前妻の子どもたちに相続されることになるからです。そのため、遺言書の内容としては、夫ではなく、Aさんの子どもたちにすべて相続させる

旨の内容として、付言事項に夫の面倒を看てほしいということも付け加えることになりました。

　後日、Aさんから、相続相談により不安が取り除かれ、それまでよりも前向きな気持ちになれたとの連絡をいただきました（遺言書はまだ作成していません）。

笑顔相続へのポイント

　財産の承継方法には、主に、譲渡（金銭による買い取り）、贈与、相続、があります。譲渡による場合には、承継先（買主）に買い取りのための資金が必要になることはもちろん、承継元（売主）にも、譲渡した財産に見合う金銭が入ってくるため、その金銭について別途対策が必要になったり、場合によっては譲渡所得税の負担が生じたりすることがあります。贈与であればそういった問題はありませんが、贈与した時期によっては遺留分にも影響したり（③のケースの「笑顔相続へのポイント」参照）、承継先（受贈者）の贈与税についても考慮しないといけません。そして、本ケースのように、相続による承継で問題ないということであれば、必要な検討と準備をしたうえで、生前に承継しない（相続まで待つ）という判断もよいでしょう。

7

財産管理ができない子どもがいる場合
家族信託や公正証書遺言、任意後見契約などで対策

上級相続診断士・税理士　若狭　浩子

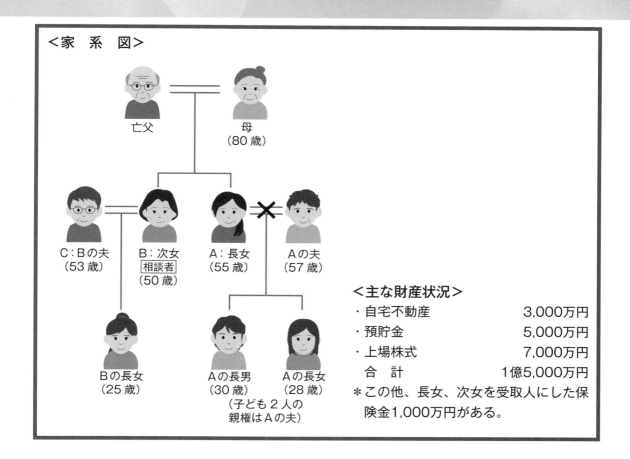

<家 系 図>

亡父 ── 母（80歳）

C：Bの夫（53歳）── B：次女 相談者（50歳）　A：長女（55歳）──✕── Aの夫（57歳）

Bの長女（25歳）　Aの長男（30歳）（子ども2人の親権はAの夫）　Aの長女（28歳）

<主な財産状況>
・自宅不動産　　　　　3,000万円
・預貯金　　　　　　　5,000万円
・上場株式　　　　　　7,000万円
　合　計　　　　　1億5,000万円
＊この他、長女、次女を受取人にした保険金1,000万円がある。

1　家族の状況

　相談者は、50歳の次女Bでした。Bは、夫Cが仕事の関係で海外在住のため、Bの長女と2人で暮らしています。近所に住む母とは大変仲が良く、物忘れが増えてきた母の様子を気にしていました。

　5歳年上の長女Aは、隣の市に住んでおり、BとはほとんどΔ流がありません。Aは1度結婚し、子どもも2人出産しましたが、長男が高校生の時、離婚しました。子どもは夫が親権をとり、Aは1人で暮らすことになりました。離婚後、精神疾患の診断を受けました

が、その精神疾患の影響で非常に浪費が激しくなりました。欲しいものがあると、預貯金を使い果たすだけでなく、多額の借入もしてしまう状況でした。

　母は、月に1度Aに連絡を取り、Aに生活費をねだられて、そのつど振り込んでいました。

　Bは、そのような状況で、母の良き相談相手となっていましたが、母の物忘れが多くなってきたことに不安を感じていました。認知症及び相続対策が必要ではと、Bは家族信託や後見制度を調べている中で、弊所のホームページをみて、母とともに相談に訪れました。

2　このケースでの問題点と相談内容

　Bからの相談は以下のものでした。
・母が認知症等で財産管理が困難となった場合、Bに任せたいが、どのようなことをすればいいのか。
・Aは、母が亡くなった場合の相続でまとったお金を持てば、すぐに浪費し、その後の生活が困難となってしまうが、解決策はあるのか。
・BがAより早く死亡した場合、できる限りBの長女には負担をかけたくないが、方法はあるか？
　この事例の危険度は右のとおりです。

3　対応策とその結果

　この相談に対しては、契約書などの作成や信託登記が必要であったため、途中より家族信託に精通している司法書士と連携し、話を進めました。

(1)　家族信託①　母への認知症対策
　まずは、家族信託制度を提案しました。判断力がある間に、委託者（財産管理を任せる人）が受託者（財産管理を託される人）を決

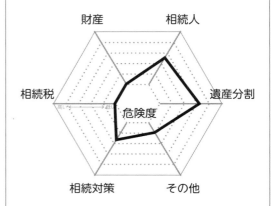

＜相続診断結果による危険度＞

危険度

＜相続診断結果による緊急度ランク＞

●緊急度ランク Ⓐ・B・C・D・E
　　　　　　　　高い　　　　　低い

　相続診断結果をみると、
1　相続手続きが進まない可能性。
2　遺産分割が成立しない争族の可能性があるため、遺言書作成の検討。
3　相続手続きのため、後見人・特別代理人等の選任が必要になる可能性。
4　相続税が課税される見込みのため、納税資金準備も含め、試算が必要。
5　相続対策以外に、母親の認知症対策、親なきあと問題の対策の検討。
　どのような制度が適用可能かの検討と提案が必要でした。

め、信託する財産も相談して決める制度です。後見制度とは異なり、裁判所が関与することもなく、本当に信頼関係がある場合にお勧めできます。今回は、母とBの信頼関係が強く、財産を委託する母親も、財産管理をする受託者となるBも家族信託を希望しました。

　信託財産は、自宅不動産と預貯金のうち

4,000万円としました。また、状況により、信託財産を追加できるように設定しました。

⑵　家族信託②　Aの生活費対策

今回最も問題となったのは、Aの生活費をどのように、また毎月いくら渡すか、でした。

相談時点で、Aは精神疾患の症状があり無職でしたが、障害年金の給付や障がい者認定を受けていませんでした。筆者は、この生活費を決める前に、障害年金の給付や、特定贈与信託などの制度を使えないかと考えました。障害年金の給付があれば、生活費として渡す金額を減らすことができ、相続財産を多く残すことができます。

また、特定贈与信託は、信託会社等を通して、障がいがある子どもなどに贈与をすることができ、預けたお金は、生活や治療などを目的として定期的に受け取ることができます。障がいの程度によりますが、一定額まで非課税で贈与ができ、相続税の節税対策としても効果があります。ただ、手続きには本人の協力が必要でした。

Aに協力してもらえるか、母やBから連絡を取ってもらい返事を待ちましたが、承諾してもらえませんでした。

そのうえで、年金の受取額なども考慮し、毎月の生活費を決定しました。この決定の際には、母がAに連絡し、本人の生活状況や必要な金額を推定し、じっくりと相談しました。家族信託は、委託者と受託者のみで、ほかの家族の承諾は必要ありませんが、将来のトラブルを避けるには、家族にも伝えることが理想的です。

⑶　生命保険信託の併用。Aの生活費対策

家族信託で生活費を渡す期間を15年とし、生命保険信託を併用しました。生命保険金は通常相続発生時に、死亡保険金として一時にもしくは年金として受け取ることができます。

ただ、このタイプでは、Aが相続により取得した保険金をすぐに浪費してしまう可能性が高いと推測しました。

今回は、Aの生活費を維持するため、毎月Aが受け取ることができる生命保険信託を紹介しました。Bは、Aよりも5歳下ではありましたが、姉妹のどちらが先に死亡するかはわかりませんし、病気などにより受託者としての財産管理ができなくなる可能性もあります。家族信託の契約では、Bが受託者としての業務ができない場合の補助的な受託者をBの長女としました。しかし、Bとしては、自分の子に極力負担をかけたくないという思いがありました。そのため、母の死亡を15年先と仮定し、その後は家族信託ではなく、生命保険で生活費を受け取る方法を提案しました。15年より先に相続発生の場合は、家族信託と生命保険信託が同時進行となります。

母には、株式のうち1,000万円を売却し、一時払いで生命保険の契約をしてもらいました。この保険では、受取人がすべての生命保険金を受け取る前に死亡した場合、残りは誰が受け取るかも決めることができるため、Aの子ども2人を定めました。

⑷　公正証書遺言の作成

母は、自分やAの面倒をみてくれるBに、より多くの財産を遺しておきたいと希望しました。今まで、借金返済ができないAのために、亡父と母は多くの金銭を負担してきたそうです。Bに対しては、金銭面で不公平になっていると、申し訳なく感じていました。また、生命保険金は、遺産分割協議の財産から外れるため、逆に多くの財産をAが要求することを心配しました。

家族信託の契約で、信託終了に伴う残余の信託財産に関しては、Bが取得することを記載し、これ以外の財産を、遺言書で記載することにしました。この際、遺留分侵害の問題が発生しないよう、相続財産を十分確認し、

検討しました。

また、公正証書遺言の最後の付言事項で、母から姉妹への愛情を込めたメッセージを伝えることにしました。母は、Aが家族と仲の良かった頃の思い出や、今もどれほど大切に思っているかを書き残しました。Bに対しては、いつも自分の世話をしてくれる娘への感謝の気持ちが記されました。最後には、「姉妹で争わず、仲良く、幸せに暮らしてほしい」と願いが込められました。

遺言執行者は、Bを指定しましたが、Aとのトラブルが発生した場合のことを想定し、筆者が予備的な遺言執行者に指定されました。

⑸　任意後見契約の締結

後見人というと認知症等で判断力がなくなった後に、法定後見人の申立てをすることが多いのですが、専門職ではなく、母は次女であるBを後見人に希望したため、任意後見契約を締結しておきました。家族信託があれば後見は必要ない、もしくは、後見を併用すべきだといろいろな意見があります。実際に後見人が必要な状況になっても困らないように、任意後見契約をBと締結し、母もBも安心することができました。

4　むすび

公証役場での契約締結、信託口口座の開設に同席し、筆者の業務がいったん完了した際、Bからお礼の言葉をいただきました。

「本当に長い間、面倒な相談にのっていただき、ありがとうございました。実際に大変なのはこれからかもしれませんが、とりあえず肩の荷が下りました。これからも、どうぞよろしくお願いします」

精神疾患やひきこもりの問題は、本人も家族もオープンにしづらい繊細な問題です。今回、家族が問題にしっかりと向き合い、筆者に対してもすべてを打ち明けたことで、貴重な1歩を進めたことは、間違いありません。

笑顔相続へのポイント

贈与した財産の実質的な管理を贈与者側で行っていると、それは贈与したことにはならず、相続時に名義預金として、税務署に認定されてしまう可能性があります。どのように渡すかも重要ですが、渡した後の管理や運用についても、受け取る側が無理なく行える仕組みをあらかじめ考えることも重要です。

本ケースのように、贈与・相続後の資金管理の不安を、家族信託や保険の機能によって解決されたのは賢明な判断といえます。

8

生命保険金や生前贈与は隠せない

知識不足による偏った節税対策が裏目に

上級相続診断士　盛　勝利

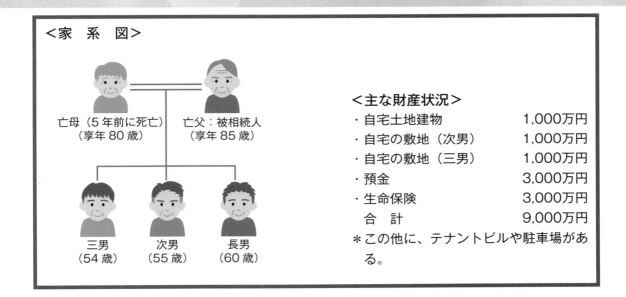

<家 系 図>

亡母（5年前に死亡）
（享年80歳）

亡父：被相続人
（享年85歳）

三男
（54歳）

次男
（55歳）

長男
（60歳）

<主な財産状況>
- ・自宅土地建物 ----------- 1,000万円
- ・自宅の敷地（次男）------- 1,000万円
- ・自宅の敷地（三男）------- 1,000万円
- ・預金 ------------------- 3,000万円
- ・生命保険 --------------- 3,000万円
- 合　計 ----------------- 9,000万円
- ＊この他に、テナントビルや駐車場がある。

1　家族の状況

　父の遺産相続で長男VS次男・三男の争族になった事例です。

　被相続人は85歳で亡くなった父。母は5年前に逝去しており、相続人は長男・次男・三男の3名。長男一家は実家で父母と二世帯同居。次男・三男は隣町に父の所有する敷地にそれぞれ自分で家を建て暮らしています。次男・三男は大学を卒業後は会社員をしていますが、長男は高校卒業後から父の仕事を手伝い、母の逝去後は父から引き継いだ不動産管理会社を経営し現在に至ります。

　父は会社を長男に譲ったあとは自身でいろいろと相続税の節税対策を行っていました。結果的にはこの節税対策が一部の相続人だけへの偏ったものとなり争族に発展。遺産分割の話し合いや相続税申告を困難にしました。

2　相続診断士としての役割

　父の不動産所得の確定申告と不動産管理会社の決算は地元の税理士がしていましたが、あまり相続に詳しくないとのことで弊社税理士と相続診断士が相続業務に携わることになりました。

　業務受注時に実家で相続人全員と顔合わせ

をし、今後は相続診断士として相続に関する業務の窓口となり、資料の収集と確認、税理士の作成した相続税評価の説明、遺産分割協議の進捗確認、税理士、行政書士、司法書士等各士業と連携して相続人にわかりやすく説明していくことを伝えました。

　今回のケースに限ったことではありませんが、具体的には金融機関での相続手続きの留意点、相続登記の留意点、「小規模宅地等の特例」の説明（自宅と事業用の宅地のいずれで適用したら有利かなど）、相続税申告書の仕組みと見方、税務調査対策として過去の預金口座のお金の流れをチェックすることなどを説明します。

3　相続により相続人の関係が悪化

　はじめてお会いした時は、兄弟3人がそれほど仲が悪いようにはみえませんでした。次男は長男とも普通に会話をしていましたし、筆者たちにも「これからよろしくお願いします」とあいさつをされました。三男はおとなしい人で長男とはほとんど会話せず次男とだけ会話をする感じです。それらについては特に問題を感じなかったのですが、ただ長男の妻がこの場に終始同席し、積極的に発言をすることには多少違和感と不安を覚えました。

　長男の妻としては義父母と同居し、2人が亡くなるまでずっと面倒をみてきた、義父の事業を経理としてずっと手伝ってきたという思いが強くあったようです。そのようなことから、長男と次男・三男が実家で話をするのはこれが最初で最後となりました。

　相続に関する報告については、次男・三男とも仕事の時間が不規則なため今後は長男に報告を行い、長男から次男・三男に伝えてもらうことを確認しました。

　この事例の危険度は次のとおりです。

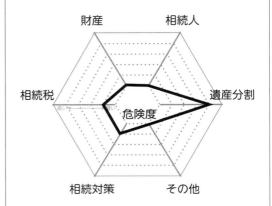

＜相続診断結果による危険度＞

＜相続診断結果による緊急度ランク＞

●緊急度ランク Ⓐ・B・C・D・E
　　　　　　　　高い←→低い

　相続診断結果をみると、
1　相続人同士の仲が悪い
2　親の面倒をみている長男とそうでない次男・三男との間に生前から不公平がある
3　一部の子どもや孫にだけお金をあげていたり、特定の相続人に財産がわたっている
などのことから遺産分割協議がまとまりにくい可能性がありました。

　実際、父と同居している長男とその家族（孫）にだけ現金の贈与が行われていたり、生命保険加入による節税対策が行われていたりしたことが明らかになり、兄弟間で争族に発展する結果となりました。

　その後は定期的に長男と長男の妻に進捗状況を報告しましたが、長男は父から引き継いだ不動産管理業と趣味のゴルフが忙しく、次男、三男に対する遺産の分割の話も妻に任せる傾向にありました。長男としては次男、三男にはそれぞれの自宅の敷地と納税資金ぐらいの現金を相続させれば、あとは父の事業を

引き継いでいる自分がすべて相続できると考えていたようです。最終的には三男は自宅の敷地と納税資金相当額の現金の相続で納得しましたが、次男は最後まで長男との話し合いがまとまらず遺産分割協議と相続税申告書の完成がギリギリまで難航しました。これは長男に対する不信感が大きな原因です。相続業務を進めていくうちに不透明なお金の流れが判明することとなりました。

4　預金通帳のチェックからさまざまな事実が判明

　税務調査の際に不透明な資金移動や財産の漏れが指摘されることがないよう、税務調査対策として通帳を預かり、過去5年から7年ほどのお金の流れを弊社でチェックしました。通帳のチェックで長男が不動産管理業を父から引き継いだ5年ほど前から、毎年決まった月に220万円が引き出されていたので、長男に聞きました。

　当初は「父が管理していたのでわからない」と言われましたが、金額的に110万円の生前贈与の2名分と予想されたためそのことを伝えると、しぶしぶ父から長男と長男の子（孫）への贈与であることを認めました。

　長男は贈与の事実を次男、三男には伝えるつもりは全くないので当方からも余計なことは言わないでほしいと頼まれましたが、もし我々が黙っていたとしても、相続や遺贈等で贈与を受けた者は相続税申告書に記載されることから他の相続人にもわかってしまうのです。

　「相続開始前3年以内の贈与財産」は相続財産に加算する必要があるため、贈与を受けた者の氏名、贈与日、贈与金額が申告書に記載されるので、隠すことはできません。通帳のチェックからもう1点大きな事実が判明しました。ある金融機関から生前に2,000万円と1,000万円の定期預金が解約されていたた

め、その資金の移動先を聞くと、父が長男と長男の子（孫）をそれぞれ受取人とする2,000万円と1,000万円の終身保険に加入していたようでした。この事実についても次男、三男に伝えるつもりはないようです。長男いわく「生命保険は受取人固有の財産だから相続財産ではない。遺産分割協議書にも載せなくていいはず」とのこと。

　確かに遺産分割協議書に記載する必要はありませんが、相続税申告書には生命保険の詳細が記載されます。相続税申告書の9表「生命保険金などの明細書」に保険会社・受取年月日・受取金額・受取人の氏名を記載し「死亡保険金の支払明細書」のコピーを相続税申告書に添付する必要があるのです。相続税申告の対象者は、贈与も生命保険の受取りの事実も他の相続人に隠し通すことはできません。

5　孫を生命保険の受取人にしたことで孫にも相続税が

　本来、養子縁組をしていない孫には相続権はありませんが、生命保険金の受取人に指定されていたため、受け取った死亡保険金1,000万円に対して相続税が課税される結果になってしまいました。しかも孫は相続人ではないため、生命保険金の非課税枠である「500万円×法定相続人の数」の対象にもなりません。

　また、相続人ではない孫への贈与は相続財産に加算する対象にはならないのですが、生命保険金の受取人に指定され、相続により財産を取得してしまったため、相続人と同様に加算の対象者となり、相続直近の贈与110万円×3年＝330万円が相続財産に加算されることになりました。さらに孫は「相続税額の2割加算」の対象にもなることから、相続税額が2割増しとなってしまいました。

6 最後に

　長男一家だけが得をするような贈与や生命保険への加入が相続によって明らかになり、長男への不信感から「憎与・争族」へと発展してしまった事例です。また、節税に対する知識不足が原因で、節税どころかさらなる納税額の増加にもつながってしまいました。相続税の節税対策として孫へ生前贈与をするのであれば、孫に相続税が課税されないよう「孫は相続で財産を取得してはいけない」ことを理解したうえで生命保険の受取人を決める必要があったのです。

　相続診断シートのチェック項目にもあるように、「親の面倒を見ている子どもと見ていない子どもがいる」「一部の子どもや孫にだけお金をあげている」「大きな保険金をもらう子どもや孫がいる」ケースは争族につなが

りやすいことを改めて実感するとともに、相談を受ける段階でこれらの項目に該当する人にはしっかりと争族の危険性を伝えなければならないと気づかされる事例でした。

笑顔相続へのポイント

　贈与は当事者間の合意によって行えてしまうため、それ単体であれば、他の親族の了解はいりません。しかし、相続税申告は、被相続人からの贈与を含む財産の総額で決まるため、申告対象者に対する贈与の内容が申告書に記載されることは不可避といえます。

　そして、税制改正により、2024年1月以降は、暦年課税制度によって贈与された財産のうち相続財産に加算される対象が「相続開始前7年以内の贈与財産」に広がりました。申告対象者に対する贈与は、申告書を通じて他の親族にも伝わると考えた方がよいでしょう。

自治体と大学に遺贈寄付する遺言を作成

祖父や父とのつながりを未来に残せることが嬉しい

上級相続診断士　齋藤　弘道

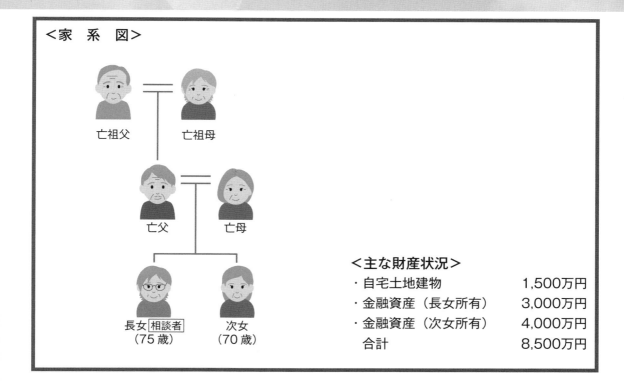

＜家 系 図＞

亡祖父　　亡祖母

亡父　　亡母

長女 [相談者]
（75歳）　　次女（70歳）

＜主な財産状況＞
・自宅土地建物　　　　　　1,500万円
・金融資産（長女所有）　　3,000万円
・金融資産（次女所有）　　4,000万円
　合計　　　　　　　　　　8,500万円

　生涯未婚率の上昇や晩婚化に伴い、子どものいない人が増加しており、「財産を積極的に残したい相手がいない」状況から、非営利団体などへ寄付する「遺贈寄付」に関する相談が増えています。

　本件は、相談者が地元の銀行から遺言書の提案を受け、その銀行が提携する司法書士法人が遺言書作成をサポートすることになったものの、相談者が寄付の意向を示されたために、寄付先の選定と寄付内容の調整などについて司法書士法人から筆者に依頼があったものです。

1　家族の状況

　相談者は妹と一緒に暮らしています。相談者も妹も独身で、子どもはいません。この姉妹の他にきょうだいはいないので、相談者の相続人は妹だけ、妹の相続人は相談者だけです。

数年前に妹は脳梗塞になり、左半身が不自由で、コミュニケーションは取れるものの、発語には少し時間がかかるような状況です。相談者は自分が先に亡くなったときに、残された妹が相続手続きをするのは難しいだろうと思い、何か対策をしなければと悩んでいました。

あるとき、この悩みを地元の銀行の担当者に打ち明けたところ、遺言書作成を提案され、提携する司法書士法人を紹介されました。司法書士法人の担当者は、相談者と妹がお互いに唯一の相続人であることを確認し、相談者と妹がそれぞれ遺言書を作成することを提案しました。相談者も「確かに、自分と妹のどちらが先に死亡するかわからない」と、この提案を受け入れることにしました。

遺言書の内容は、「私の全財産および全債務を包括して妹へ（妹の遺言では「姉へ」）相続させる」というシンプルなものです。ところが、どちらかが亡くなると、残されたほうは相続人がいない状態（相続人不存在）となり、このままでは2人の財産は相続財産管理人（令和3年の民法改正により令和5年4月1日からは「相続財産清算人」）による諸手続きの後に、国庫帰属となってしまいます。そうならないためには、「妹が（妹の遺言では「姉が」）私よりも以前に死亡した場合は、全財産を○○へ遺贈する」という「予備的遺言」（補充遺言ともいう）を遺言書に追加することが必要です。

相談者は、2人の財産が国のものになるよりは、どこかの団体へ寄付して有効に使ってもらいたいと思いましたが、具体的にどのような手続きをすればよいのかわかりません。司法書士法人の担当者も、寄付先団体（自治体・大学・公益法人・ＮＰＯ法人など）には詳しくないため、筆者に寄付先選定と寄付内容や、条件の調整について相談がありました。

2 遺贈寄付とは

ここで、実際の寄付先選定の話の前に、「遺贈寄付」の方法や状況について触れておきます。

自分が亡くなったときに残った財産から非営利団体などへ寄付することを「遺贈寄付」と呼んでいます。遺贈寄付の方法には、「遺言による寄付」「契約（死因贈与・生命保険・信託など）による寄付」「相続財産からの寄付」があります。

日本における遺贈寄付は、この10年間で件数・金額ともに2倍程度に増加しています。また、高齢者を対象とした遺贈寄付に関する意識調査でも、約20％の人が遺贈寄付に興味や関心を示しています（『寄付白書2021』より）。

しかし、アメリカの3兆3,032億円（2016年）やイギリスの3,472億円（2015年）と比べると、日本は数百億円ですので規模はまだまだ桁違いの状況です（『寄付白書2017』より）。逆に、それだけポテンシャルがあるともいえるでしょう。

3 寄付候補先との交渉

相談者および妹と面談して寄付先の候補について意向を伺ったところ、ある自治体と大学の名前があがりました。それだけでなく、寄付金の使い道を「市立図書館」と「農学部図書館」に限定したいと言うのです。その理由を尋ねると、「私の祖父は歌人で、歌集などが出身地の市立図書館に展示されている」「私の父は学者で、著書や資料が大学の農学部図書館に蔵書されている」ということでした。

筆者は、相談者と妹の共通の思いを何とか叶えたいと思いましたが、寄付金の資金使途を限定することは、寄付先団体にとっては将

来その使途に適合する事業をしているかわからないので、こうした条件を受け入れないことが多く、その時点では正直難しいと感じていました。

　まず、その自治体に電話して状況を説明したところ、遺言による寄付の相談を受けること自体が初めての様子で、検討には少し時間がかかりましたが、相談者の祖父は地元では著名人だったこともあり、市立図書館に使途を限定することで承諾を得られました。

　その際、口約束だけでなく、「予定寄附申込書」を差し入れ、「予定寄附受諾通知書」を交付いただくように手配しました。相談者も安心されたようです。

　次に、大学の基金に電話し、同様の相談をしたところ、学部指定の遺贈は可能であるものの、図書館の限定については検討することとなりました。これに遡ること十数年前に、相談者から大学へ亡父の研究資料や標本を大量に寄贈していたこともあり、農学部図書館に使途を限定する条件で承諾を得られました。こちらも「寄付申込書」とこれに対する「回答書」を手配しました。

　これで遺贈寄付の準備は完了のようにみえますが、そう簡単ではありません。自治体や大学は、現金の遺贈しか受け入れないことが多く、本件でもその状況でした。さらに本件では、予備的遺言は相続人不存在の状況での遺贈となりますので、遺言内容を「包括遺贈」（全財産について割合を指定して遺贈する方法）とすることで、家庭裁判所への相続財産管理人（相続財産清算人）の選任申立を回避し、死亡後の遺言執行の簡便化と時間短縮を図ることにしました。

　そこで、包括遺贈を受けてもらえる団体を探すことになりましたが、包括遺贈の場合は財産だけでなく債務も引き継ぐことになりますので、包括遺贈の受け入れを表明している団体は極めて少数です。相談者の希望は、「父の影響から、自然保護系の団体がよい」

ということでしたので、自然保護や環境保全の活動に関わる非営利団体の中から、包括遺贈を受ける複数の団体を選定して提案したところ、希望に合う団体がありました。その団体にも、「遺贈にかかる寄付金申込書」と「遺贈財産受入確認書」を手配しました。

　テクニックとしてはやや高度なのですが、自治体と大学には金融資産の一部を特定遺贈、その余の財産を自然保護系団体へ包括遺贈という、特定遺贈と包括遺贈の併存タイプの遺言書としました。

　妹の病気を心配して、身内に迷惑をかけない目的で遺言書の作成が始まりましたが、その先の問題として、２人とも亡くなった後の課題を解決する方法として、遺贈寄付が有効となった事例です。遺言書作成後、相談者は「財産がいくら残るかわからないけれど、祖父や父とのつながりを形にして、未来へ残せることが嬉しい」と語っていました。

4　遺贈寄付のポイント

　遺贈寄付を考える人は、善意の寄付ですから、寄付先の団体はどのような財産や条件でもありがたく受け取ると思いがちですが、受ける団体にもリスクがありますので、不動産の遺贈や包括遺贈を受け取らない方針としている団体も多いのが実態です。ここにミスマッチが生じています。

　非営利団体が遺贈寄付の受入体制を整えるには、相続に関する知識・個別相談の対応能力・受入可否判断のプロセス・リスク管理・工程管理などを整える必要があり、これらを適切に準備できている団体が、遺贈寄付において「信頼できる団体」ともいえます。

　遺贈寄付を検討する際には、意中の寄付先がどのような財産や条件で遺贈を受け取れるのかの確認とともに、「信頼できる団体」であるかを見極めることが重要となりますので、早い段階で専門家に相談するとよいでしょう。

遺贈寄付と聞くと、高額の寄付をイメージされがちですが、少額の寄付でも団体にとっては大きな力となります。遺贈寄付には「思いを未来につなぐ」「生きた証を残す」というような意味もあり、おひとりさまの増加とともに注目されていますが、おひとりさまに限らず「人生最期の社会貢献」として、相続における一つの選択肢に考えられてはいかがでしょうか。

笑顔相続へのポイント

相続人のいない方にとって、遺贈寄付とするか生前贈与とするかの選択は、その方の財務状況や寄付の目的によります。

遺贈寄付は資産を死後に移転するため、生前の資産の維持が図れます。一方、生前贈与では、その贈与が実際どのように役立っているのかをご自身の目で確認することができ、贈与先からの感謝を直接受け取ることができます。

本ケースのように、寄付先の意向確認や受け入れのための手続きが複雑になる場合には、専門家の助言を受けることが重要です。

10

生前贈与の持ち戻し
生前対策は広い視野でさまざまな手段を考慮して

相続診断士・行政書士 竹山 博之

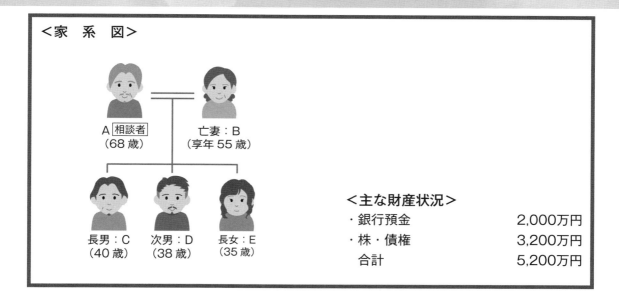

<家　系　図>

A 相談者
（68 歳）

亡妻：B
（享年 55 歳）

長男：C
（40 歳）

次男：D
（38 歳）

長女：E
（35 歳）

<主な財産状況>

・銀行預金	2,000万円
・株・債権	3,200万円
合計	5,200万円

1　家族・財産等の状況

　相談者Aは、妻Bと10年前に死別し一人暮らしで、財産は5,200万円あります。長男C・次男D・長女Eは、それぞれ家庭を持って別の場所に住んでいます。Aは、Cに対し8年前にマンション購入の頭金を2,000万円援助し、Dに対しては5年前に独立開業資金として1,800万円を援助するなど、良好な関係でした。一方でAはEに遺産を残すことを望んでいません。EはAの反対を押し切って不真面目な男と駆け落ち同然に結婚した経緯があり、Eに遺産を残してもEの夫が遊興費

に費消してしまうのではないかと考えているからです。C・DもEとは不仲です。そこでAは、どのような生前対策が考えられるか、専門家に相談しました。

2　遺言書を作成する方法

　遺言書を作成しておくと、相続は原則として遺言に従って行われます。たとえ遺留分（遺言によっても侵すことのできない最低限の取り分）を侵害する内容の遺言であっても、直ちに無効になることはありません。遺留分権利者は、遺留分を侵害している相続人に対して遺留分侵害額請求権を行使して、遺留分

にあたる金銭の支払い請求を行うことができます（なお「遺留分侵害額請求」は、2019年の民法改正によって、従来の「遺留分減殺請求」の制度が改められたものです）。

本件について見ると、Aが全財産をC・Dに相続させる旨の遺言書を用意した場合、EはCやDに対して遺留分侵害額請求権を行使して、最低限の取り分を確保することができます（権利行使するかどうかはEの自由です）。

遺産分割方法の指定（例えば、「銀行預金はCに、株・債権はDに相続させる」という遺言）をしておくと、相続財産の帰属が明確になるので、遺産の分け方をめぐって相続人がもめる可能性は低くなります。一方でEはAに対して不満を持ち、それがEとC・Dとの人間関係にも影を落とす可能性があるかもしれません。遺言書を作成する場合は、単に法的に有効な遺言書を作成するのではなく、後に関係者が納得のいく内容にしておく（例えば付言事項を活用するなど）の配慮が必要です。

3　持ち戻し免除の意思表示をする方法

遺言書がない場合、相続人が遺産分割協議（財産をどのように分けるかの話し合い）を行って相続財産を分けることになります。相続人である子3人が不仲である本件においては、お互いが譲り合って円満に遺産分割協議がまとまる可能性は低いかもしれません。

遺産分割協議では、①すべての相続財産を話し合いのテーブルにあげ、②だれが何を相続するか決めることになります。①を考える際に大切なのが、「特別受益の持ち戻し」です。特別受益とは「婚姻若しくは養子縁組のため若しくは生計の資本として贈与を受けた」場合をいい（民法903条1項）、不動産の贈与、生活費の援助、事業の援助のほか、学資の援助、結婚時の持参金など、さまざ

まなものが含まれます。簡単に言うと、特に大きい贈与を事前に受けている相続人がある場合、公平の観点から、それを考慮に入れて遺産分割を行おうと法は考えるのです。特別受益が認められる場合は、相続財産に、特別受益にあたる贈与分も加えたものを「みなし相続財産」とし、それを相続人で分ける考え方をとります。

本件ではCが生前贈与を受けた2,000万円、Dが生前贈与を受けた1,800万円を「特別受益」として、相続時に残っていた財産に計算上加算し（特別受益の持ち戻し）、9,000万円の遺産を残してAが亡くなったかのように考えるのです（民法上のみなし相続財産）……①。

相続人は「子」であるCDEですから、3分の1ずつの相続分を持っています……②。

今回の相続で相続人が受け取る相続分を考える際は、すでに生前贈与を受けていた場合はそれを減じて考えますから、今回の相続によって新たに取得する財産は、Cは1,000万円、Dは1,200万円です。Eは生前贈与を受けていませんから、3,000万円となります……③。

① 　民法上のみなし相続財産　5,200万円＋2,000万円＋1,800万円＝9,000万円
② 　CDEの相続分　各々9,000万円×3分の1＝3,000万円ずつ
③ 　今回受け取る相続分は、すでに生前贈与を受けた分を減じて計算しますから、
　　C　3,000万円－2,000万円＝1,000万円
　　D　3,000万円－1,800万円＝1,200万円
　　E　3,000万円

Aの立場に立って考えると、何も生前対策を行わないまま亡くなれば、持ち戻しが行われ、生前贈与を行った分も考慮して公平に遺産を分けることになり、亡くなる時点で持っていた財産は、多くの部分がEにわたります。

そうではなく、「遺産分割の際には生前贈

与を考慮しないでほしい」と考えるのであれば、「持ち戻しを免除する」旨の意思表示をする方法があります（民法903③）。遺言書で遺産分割方法の指定をするのはためらわれる事情がある場合でも、持ち戻し免除の意思表示をすることで被相続人の想いを実現する方法を法は用意しているのです。形式については法の定めがなく、口頭で行うことも可能ですが、後でもめる原因になりますから、遺言書などの文書で行うことがよいでしょう。

　気を付けなければならないのは、持ち戻し免除によって遺留分の権利を侵すことはできないということです。今回の事例では、AがC・Dに対し持ち戻しを免除した場合であれば、生前贈与があったことは考慮せずに遺産分割することになりますから、5,200万円の財産を3人で分けることになります。Eの相続分は、5,200万円×3分の1≒1,730万円あまりとなります。

　持ち戻し免除がなかった場合のEの相続分は前述のように3,000万円で、遺留分はその2分の1の1,500万円ですから、遺留分侵害は生じていないことになります。AからC・Dに対する生前贈与がもう少し高額だった場合はEの遺留分を侵害する場合がありますので、注意が必要です。

　なお、「持ち戻し」は期間の制限なく、すべての生前贈与について計上します。たとえ30年、50年前の贈与でも考慮される点に注意が必要です。一方、「遺留分を計算する際に基礎財産に含める、相続人に対する贈与」は10年となっています（2019年7月1日施行の改正民法1044）。つまり亡くなる10年以上前に生前贈与しておけば、遺留分を計算する際に考慮されなくなるという意味で、生前対策が可能なのです。もっとも生前贈与に

対する税金は相続に対する税金よりも高くなりますから、その点は考慮が必要です。

■例

　Fの相続人は、長男G・次男Hである。

　Fの遺産は、1,000万円。長男Gに、5,000万円の自宅を生前贈与していた。

・生前贈与が11年前だった場合のHの遺留分

　1,000万円×2分の1×2分の1＝250万円

・生前贈与が9年前だった場合のHの遺留分

　6,000万円×2分の1×2分の1

　　　　　　　　　　　　　＝1,500万円

4　むすび

　本件では遺言書を作成しなかった場合、Aが亡くなった後でEが受け取る遺産が多くなるという点において、Aの望みとは逆の結果になりそうです。「生前対策としてやっておくべきこと」を考える必要性が高いケースだといえます。Aはすぐに遺言書の準備に着手しました。生前対策にはさまざまな手段が考えられます。専門家を交え、広い視野でさまざまなことを勘案して意思決定することが必要だといえるでしょう。

笑顔相続へのポイント

　特定の相続人に対して「この人には財産を渡したくない」という気持ちを抱くことは、不自然なことではありません。しかし、それによって、他の相続人に争族のリスクが生ずることは避けなければなりません。遺留分相当は仕方がないとしても、遺言書や生前贈与の活用、そして民法の制度に則り、できる限りの対策を講じておくとよいでしょう。

事例執筆者一覧
（執筆順）

一橋　香織（ひとつばし・かおり）

上級相続診断士、終活カウンセラー１級、社会整理士、家族信託コーディネーター、生前整理アドバイザー１級、笑顔相続コンサルティング株式会社 代表取締役、（一社）縁ディングプランニング協会 代表理事、（一社）アクセス相続センター理事、（一社）終活カウンセラー協会 顧問、（一社）夫婦問題診断士協会 理事。

外資系金融機関を経てＦＰに転身。頼れる相続診断士・相続コンサルタントとしてこれまで5,000件以上の相続相談の実績を持つ。

メディア出演（テレビ朝日「たけしのＴＶタックル」、ＴＢＳテレビ「Ｎスタ」「ビビット」、テレビ東京「なないろ日和」など）多数。著書『家族に迷惑をかけたくなければ相続の準備は今すぐしなさい』（ＰＨＰ出版）、『相続コンサルタントのためのはじめての遺言執行』『これが知りたかった！終活・相続コンサルタントが活躍するための実践手引書』『終活・相続の便利帖』（ともに日本法令）など多数。

笑顔相続を普及するための専門家を育成する「笑顔相続道」及び日本で初の相続・終活を学べるオンラインサロン「笑顔相続アカデミー」を主宰。

本社　　東京都中央区日本橋人形町２-13-9
　　　　FORECAST 人形町７階
　　　　笑顔相続コンサルティング株式会社
電話　　03-3567-6777
メール　info@egao-souzoku.com
ＵＲＬ　https://egao-souzoku.com
京都サテライトオフィス
　　　　京都府京都市西京区川島滑樋町41-1
　　　　スタンザ桂103
大阪支社
　　　　大阪府大阪市中央区平野町２-１-２
　　　　沢の鶴ビル６Ｆ

伏見　幸信（ふしみ・ゆきのぶ）

相続診断士、ファイナンシャルプランナー。

昭和49年９月８日、岐阜県生まれ。高岡法科大学法学部法律学科卒業。桃石株式会社　専務取締役・主席研究員。

ファイナンシャルプランナーとして、相続承継対策、法人事業承継、個人ライフプランニング相談等に従事。相続診断協会認定講師として全国各地で年間30講演のセミナーを実施し全国に法人、個人のクライアントを有している。収益不動産活用、法人事業承継については多くの経験から最適解を提案し高い評価を得ており各企業からの講演、TV出演などの依頼を受けている。

住所　　岐阜県羽鳥郡岐南町
電話　　03-5961-6255　（携帯）090-8730-6691

八代醍　達雄（やしろだい・たつお）

相続診断士、２級ファイナンシャル・プランニング技能士。

昭和40年９月16日、兵庫県生まれ。

株式会社グラント

ファイナンシャルプランナー

相続についての総合的なコンサルタント。日本文化を大切にし「相続を和装で語るセミナー講師」として「相続争いゼロの町」を目指して活動中。

住所　　兵庫県姫路市三左衛門堀西の町61番地
　　　　ＫＭ88ビル301号
　　　　株式会社グラント 姫路支社
電話　　090-3429-7700
メール　t.yashirodai@hoken-grant.co.jp

藤垣　寿通（ふじがき・としみち）

相続診断士、税理士、行政書士、中小企業診断士。

昭和46年3月16日、岐阜県生まれ。金沢大学法学部法学科卒業。藤垣会計事務所 所長。

税理士として数多くの相続事例に携わってきて、大切なのは相続が発生する前からの対策だと痛感しています。争族ではなく笑顔相続できるよう、良き相談者になり、そのサポートをさせていただいております。

住所　岐阜県岐阜市宇佐南2-5-5
電話　058-215-1030
メール　fujigaki-kaikei@oboe.ocn.ne.jp

川井　佳和（かわい・よしかず）

相続診断士、公認会計士、税理士、税理士法人ひばり会計事務所 代表社員。

昭和52年7月3日、愛知県生まれ。東京都立大学経済学部卒業。監査法人及び不動産会社に勤務後、10年前に開業。

首都圏を中心に、事業承継や相続の相談を数多く受けている事務所です。不動産関連に特に強いです。

住所　東京都千代田区一番町9-8
　　　ノザワビル5階
電話　03-6228-0043
メール　info@hbr.jp

加藤　祐基（かとう・ゆうき）

相続診断士、特定行政書士。

昭和60年8月6日、長野県生まれ。創価大学法学部卒業。平成25年、行政書士登録。平成26年、相続診断士合格。行政書士法人あると代表社員。

大切な方を亡くした時の精神的な負担は計り知れません。相続では、その負担に加えて、葬儀や慣れない諸手続きの事務的な負担があります。そのような負担を少しでも取り除きたいというのが相続業務を専門としたきっかけです。相談者の声に耳を傾け、寄り添い、笑顔の相続になるように誠実に日々取り組んで参ります。

住所　東京都新宿区四谷1-4
　　　四谷駅前ビル5階
電話　070-1326-2486
メール　info@cvagency.jp

若狭　浩子（わかさ・ひろこ）

上級相続診断士、若狭税理士・行政書士事務所所長。

昭和37年2月27日、兵庫県生まれ。京都府立大学女子短期大学部卒業。税理士事務所のほか、不動産会社の資産活用など。

相続税対策、家族信託、後見、遺言の相談を多数受けています。障がいを持つ方のご家族や、おひとりさまなどの相談も多く、じっくりお話を伺うところから、進めています。相続シミュレーションでの税金面だけでなく、皆様の気持ちを大切にしたいと、取り組んでいます。

住所　大阪府豊中市末広町2-1-4
　　　末広ビル303号
電話　06-6210-6370
メール　hiroko@tax-wakasa.com

盛 勝利（もり・かつとし）

上級相続診断士、フォトグラファー、宅地建物取引士、ファイナンシャルプランナー、介護助手。

相続専門会計事務所に25年、相続専門一般社団法人に2年6か月勤務。相続業務に携わり約28年の経験を活かしセミナー講師や相談者と各専門家への橋渡しや相続相談窓口として活動中。

また介護福祉現場に特化したフォトグラファーとして高齢者、障がい者の方々の記念写真を自宅や施設に訪問し撮影。

講師として市内5か所の老人センターで開催される終活講座「終活の初めの一歩＆笑顔写真撮影会」は毎回満席の好評。

住所　大阪府高槻市栄町1-17-7

電話　090-9877-1174

メール　toukonmk0703@gmail.com

齋藤 弘道（さいとう・ひろみち）

上級相続診断士、1級ファイナンシャル・プランニング技能士、遺贈寄附推進機構株式会社代表取締役、（一社）全国レガシーギフト協会理事。

昭和39年3月13日、埼玉県生まれ。東北大学経済学部卒業。みずほ信託銀行、野村證券に勤務後、2018年に独立。

信託銀行にて1,500件以上の相続トラブルと1万件以上の遺言の受託審査に対応。遺贈寄付の希望者の意思が実現されない課題を解決するため、2014年に弁護士・税理士らとともに勉強会を立ち上げ、2016年に「全国レガシーギフト協会」を設立。朝日新聞「相続会議」「Reライフ」など相続・終活関連のコラムを100本以上執筆・連載中。

住所　東京都港区南青山2-2-15
　　　ウィン青山942

電話　03-6385-4635

メール　info@lgpo.jp

竹山 博之（たけやま・ひろゆき）

相続診断士、行政書士、ＡＤＲ調停人候補者、キャリアコンサルタント、海事代理士、竹山博之行政書士事務所 代表。

東京都生まれ。学習院大学法学部卒業。大学受験予備校等で作文・小論文の書き方を15年間指導した経験を生かし事務所設立。

「想いを伝える遺言書」のオーダーメイド作成はお任せください。遺言は残された遺族の利益になるだけでなく、今を生きるあなたや大切な親族を幸せにします。上手に遺言を活用すべきです。民事信託の活用で、従来の法律では対応が難しかった柔軟な財産管理を行うことも可能です。ご相談ください。

住所　東京都練馬区西大泉2-5-7

電話　03-5935-6035

メール　takeyama-gyosei@tbz.t-com.ne.jp

資　料

■資料1　笑顔相続ノート

笑顔相続ノート

大切な人に贈るメッセージ

愛する家族と自分自身へのメッセージ

　「笑顔相続ノート」は、自分にもしもの事があった時のためや、伝えておきたい事を書いておくノートの事です。
『愛する人への想い』『財産情報』『希望』も記入できるようになっています。
感謝の気持ちを再認識しながら、自分自身の人生をより豊かに生きるための「自分史」としてご活用ください。

※　すべての項目を記入しなくても、気軽に自分の気になる項目から自由に記入して下さい。

もくじ

自分の情報　私の略歴

名　前：	ふりがな：
血液型：	
誕生日：	年　　　月　　　日
干　支：	星　座：
現住所：〒	
本籍地：	
携帯電話：	
勤務先：	連絡先：

メモ

記入日　　年　　月　　日

出生について

場　　所：	
	病院名など
出産時体重：	
名前の由来：	
メモ：	

幼少期について

保育園・幼稚園など：
思い出やエピソード

記入日　　　年　　月　　日

小学生時代について

学校名：　　　　　　　　　　　　入学　　年・卒業　　年

思い出やエピソード

中学生時代について

学校名：　　　　　　　　　　　　入学　　年・卒業　　年

思い出やエピソード

記入日　　　年　　月　　日

高校生時代について

学校名：　　　　　　　　　　　　　入学　　　年・卒業　　　年

思い出やエピソード

大学生・専門学校時代について

学校名：　　　　　　　　　　　　　入学　　　年・卒業　　　年

思い出やエピソード

記入日　　　年　　月　　日

社会人時代について

就職先： 　　年　　月	
就職先： 　　年　　月	
就職先： 　　年　　月	

思い出やエピソード

記入日　　年　月　　日

結婚生活について

思い出やエピソード

子育てについて

思い出やエピソード

記入日　　　年　　月　　日

家族や大切な人への想い

記入日　　年　　月　　日

介護について

1 □【　配偶者　・　子　・　親戚　・　第三者　】
　　　→　（　　　　　　　　　　　　　　）にお願いしている。
□特に考えていない。又は、家族に任せる。
2 □費用は、【　預貯金　・　保険　・　その他　】
　　　→　（　　　　　　　　　　　　　　　　　）で用意している。
□すでに全額支払い済みです。（払込先：　　　　　　　　　　　）
□日常使っている預貯金を使ってください。
□費用は用意していない。

メモ：

後見について

1 □任意後見　□法定後見
2 □【　配偶者　・　子　・　親戚　・　第三者　】
　　　→　（　　　　　　　　　　　　　　）にお願いしている。
□特に考えていない。又は、家族に任せる。
3 □費用は、【　預貯金　・　保険　】
　　　→　（　　　　　　　　　　　　　　　　　）で用意している。
□家族に任せる。
□費用は用意していない。

メモ：

※「法定後見制度」は法律の規定。後見人の選任・権限を家庭裁判所の管轄によって決定する。本人の判断能力が不十分になったことにより、家庭裁判所に選任の申し立てをする。「任意後見制度」は契約。判断能力が不十分になる前の本人の意思によって定める。後見人の選任が付与する権限は、本人の意思をもとに契約で決める。

記入日　　　年　　月　　日

延命治療について

1　□可能な限り延命治療を施してほしい。

　　□過度な延命治療の必要は無い。

　　□家族に任せる。

メモ：

遺言について

1　□公正証書遺言を書いている。（作成日：　　　　年　　　　月　　　　日）

　　□自筆証書遺言を書いている。（作成日：　　　　年　　　　月　　　　日）

　　□遺言はない。

2　遺言の保管場所・委託場所は

　　（　　　　　　　　　　　　　　　　　　　　　　　　　　）です。

メモ：

記入日　　　年　　　月　　　日

葬儀について

1　□葬儀社の準備をしている。

　　　社　名（　　　　　　　　　　　　　　　　　　）

　　　担当者（　　　　　　　　　　　　　　　　　　）

　　　連絡先（　　　　　　　ー　　　　　ー　　　　　）

　　□葬儀社の準備はしていない。

　　□遺影【　有　・　無　】

　　　保管場所は（　　　　　　　　　　　　　　）です。

　　□衣装の希望【　有　・　無　】

　　　　□一般的なもの

　　　　□自前　保管場所は（　　　　　　　　　　）です。

　　□弔辞を読んでもらいたい人　【　有　・　無　】

　　　お名前（　　　　　　　　　　　）

　　　連絡先（　　　　　　　ー　　　　　ー　　　　　）

　　□その他の希望【　有　・　無　】

　　　..

　　　..

　　□家紋

2　□費用は、【　預貯金　・　保険　・　その他　】

　　　→　（　　　　　　　　　　　　　　　　）で用意している。

　　□費用は用意していない。

メモ：

記入日　　　年　　月　　日

お墓について

1　□すでに準備をしている。

　　　場所等（　　　　　　　　　　　　　　　　　　　　　　）

　　□まだ準備できていない。

2　□費用は、【　預貯金　・　保険　】

　　　　→　（　　　　　　　　　　　　　　　）で用意している。

　　□費用は用意していない。

メモ：

仏壇について

1　□すでに準備をしている。

　　　（　　　　　　　　　　　　　　　　　　　　　　　　　　）

　　□まだ準備できていない。

2　□費用は、【　預貯金　・　保険　】

　　　　→　（　　　　　　　　　　　　　　　）で用意している。

　　□費用は用意していない。

3　□必要ない

メモ：

記入日　　年　　月　　日

我が家の家系図

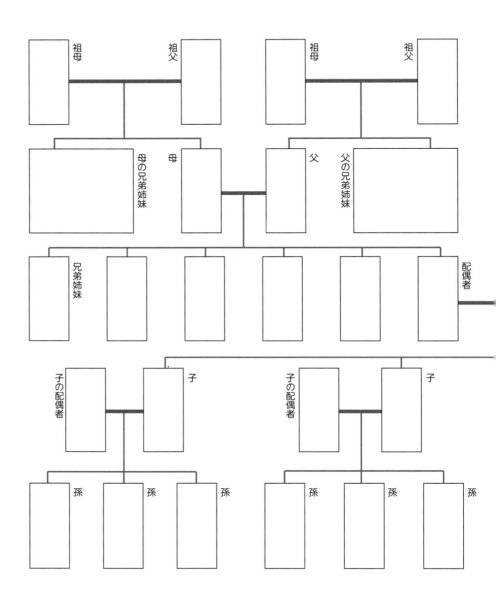

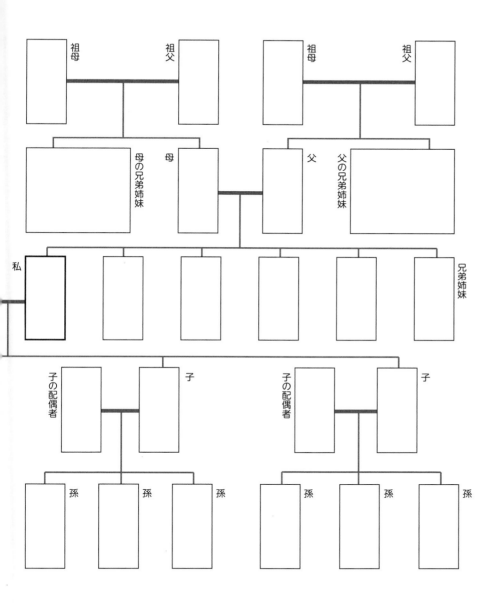

財産について

1 預貯金等

金融機関名	支店名	種類	金額	受取人

2 上場有価証券等

種類	銘柄	証券番号等	受取人

3 未上場有価証券

会社名	住所	株数	受取人

記入日　　　年　　月　　日

4 債権等

債務者	弁済期	債権額	証書の有無	受取人

記入日　　年　　月　　日

財産について

5 不動産

種　類	□土地　□建物　□マンション・アパート　□田畑　□その他（　　　　　　　　）
所在地	

地番家屋番号：	地目／用途：	地積／床面積：	m²

処分の可否：		受取人：	

取得の経緯など

種　類	□土地　□建物　□マンション・アパート　□田畑　□その他（　　　　　　　　）
所在地	

地番家屋番号：	地目／用途：	地積／床面積：	m²

処分の可否：		受取人：	

取得の経緯など

種　類	□土地　□建物　□マンション・アパート　□田畑　□その他（　　　　　　　　）
所在地	

地番家屋番号：	地目／用途：	地積／床面積：	m²

処分の可否：		受取人：	

取得の経緯など

種　類	□土地　□建物　□マンション・アパート　□田畑　□その他（　　　　　　　　）
所在地	

地番家屋番号：	地目／用途：	地積／床面積：	m²

処分の可否：		受取人：	

取得の経緯など

記入日　　　年　　月　　日

6 負債

債権者	弁済期	債務額	証書の有無	引受人

7 生命保険

保険会社	被保険者	満期	保険金額	担当者	受取人

8 損害保険

保険会社	種類	満期	保険金額	担当者	受取人

記入日　　年　　月　　日

財産について

9 その他(ゴルフ会員権・美術品・車など)

詳細	価値	受取人

記入日　　　年　　月　　日

10 生前贈与について

財産名	金額	相続時精算課税の有無	受取人

11 受取人・引受人一覧

名前	続柄	連絡先

記入日　　年　　月　　日

◎ 必要書類チェック表

死亡時からの 経過日数	手続きの種類	必要書類	提出先（申請先）
5日以内	健康保険・厚生年金の手続き	□資格喪失届 □健康保険証	死亡者の勤務先
7日以内	死亡の手続き	□死亡届 □死亡診断書 □火葬許可申請書	市区町村の役所
14日以内	世帯主の変更手続き 国民健康保険・国民年金の手続き	□世帯主変更届 □資格喪失届 □国民健康保険証 □死亡診断書 □死亡者の戸籍謄本又は除籍謄本 □除かれた住民票（除籍）等	市区町村の役所等
	介護保険の手続き	□資格喪失届 □介護保険の保険証	
	老人医療受給者の手続き	□資格喪失届 □受給者証	
	医療の手続き	□資格喪失届 □医療証	
	特定疾患医療受給者の手続き	□返納届 □受給者証	
	身体障害受給者の手続き	□受給者死亡届 □障害者手帳	
	児童手当等の手続き 犬の手続き	□受給事由消滅届 □犬の登録変更届	
相続の開始後 もしくは 遺言書を 発見した後 遅滞なく	遺言書の検認	□遺言書 □遺言書検認申立書 □遺言者の戸籍謄本又は除籍謄本 □相続人全員の戸籍謄本	遺言者の最後の 住所地の家庭裁判所
必要に応じて 遅滞なく	未成年者の特別代理人選任手続き	□特別代理人の選任申立書 □申立人及び未成年者の戸籍謄本 □特別代理人候補者の住民票又は戸籍の附票	未成年者の 住所地の家庭裁判所
自己のために 相続の開始が あったことを 知った時から 3か月以内	相続放棄又は限定承認手続き	□相続放棄又は限定承認の申述書 □申述人（相続人）の戸籍謄本 □被相続人の戸籍謄本又は除籍謄本 □被相続人の住民票除票又は戸籍附票	被相続人の最後の 住所地の家庭裁判所
4か月以内	所得税の準確定申告	□確定申告書及び確定申告書付表 □源泉徴収票 □配当通知書 □生命保険料及び損害保険料の控除証明書 □医療費の領収証	被相続人の 死亡当時の納税地の 税務署
10か月以内	相続税の延納・物納の申請 相続税の申告	□延納（物納）申請書 □金銭納付困難理由書 □担保に関する書類 □相続税申告書 □被相続人の戸籍謄本又は除籍謄本 □相続人の戸籍謄本	被相続人の 死亡当時の納税地の 税務署

死亡時からの経過日数	手続きの種類	必要書類	提出先（申請先）
10か月以内	相続税の申告（続き）	□相続人の戸籍謄本 □相続人の住民票 □相続人の印鑑証明書 □所得税の準確定申告書 □遺言書又は遺産分割協議書の写し □相続財産の明細 □預貯金の残高証明書 □通帳及び定期預貯金証明書の写し □不動産の登記簿謄本 □固定資産税評価証明書 □上場株式の銘柄名・株式数を記載した明細書 □非上場会社の直近3事業年度の決算書 □配当金通知書及び有価証券売買計算書 □保険証券の写し □保険金支払調書又は支払通知書 □贈与財産の明細 □贈与税の申告書 □借入金明細・借入金残高証明書 □葬儀費用領収書・葬儀費用出納帳 等	被相続人の死亡当時の納税地の税務署
必要に応じて遅滞なく	遺産分割調停・審判の申立て	□遺産分割調停・審判申立書 □遺産目録 □当事者目録 □相続人全員の戸籍謄本及び住民票 □被相続人の戸籍謄本又は除籍謄本	相手方の住所地の家庭裁判所
2年以内	埋葬料・埋葬費・葬祭費の申請	□葬儀社からの領収書 □健康保険証 □印鑑　　　　　　　　　等	市区町村の役所又は社会保険事務所又は健康保険組合
	死亡一時金請求	□死亡者の戸籍謄本又は除籍謄本 □除かれた住民票（除籍） □年金手帳	
3年以内	死亡保険金の請求	□保険証券 □死亡保険金請求書 □死亡診断書 □死亡者の戸籍謄本又は除籍謄本 □受取人の戸籍謄本 □受取人の印鑑証明　　　　　等	保険会社
5年以内	遺族年金請求又は 遺族厚生年金請求又は 寡婦年金請求	□各種裁定請求書 □年金手帳及び年金証書 □死亡者の戸籍謄本又は除籍謄本 □死亡診断書 □所得証明書 □住民票　　　　　　　　　等	市区町村の役所又は社会保険事務所

※市区町村によって、必要書類の名称及び種類が異なる場合がございます。窓口に詳細を確認されることをお勧めいたします。
※税理士・行政書士など専門家に依頼して手続きすることもできます。

緊急連絡先

名　　前	関　係	連絡先

記入日　　年　　月　　日

用語集

被相続人・・・・・	相続の手続きにおいて、お亡くなりになった方をいう。相続される者。
相続人・・・・・・	相続手続きにおいて、被相続人から財産債務を引き継ぐ者をいう。
法定相続分・・・・	民法で定められた各相続人の相続分。
代襲相続・・・・・	被相続人の死亡以前に、相続人となるはずの子や兄弟姉妹が死亡した場合または相続欠格・廃除によって相続権を失った場合において、その者の子や孫（兄弟姉妹の場合はその子に限る）がその者に代わって相続をすること。
遺留分・・・・・・	兄弟姉妹以外の法定相続人について、法律上取得することが保証された一定の相続分。遺言によっても侵害することはできない。
寄与分・・・・・・	相続人のうち被相続人の財産の維持や増加について特別の貢献をした者がいる場合に、その貢献に対し、相続財産から法定相続分のほかに取得することが認められる取り分。
相続放棄・・・・・	相続人が被相続人の権利や義務を一切受け継がないという意思表示をすること。相続放棄をするためには、亡くなったことを知った日から3ヶ月以内に、被相続人の住所地を所轄する家庭裁判所に申述書を提出しなければならない。
限定承認・・・・・	相続人が取得するプラスの財産の範囲内に限り、被相続人の債務に遺贈について責任を持つこととして、相続をすること。限定承認をするためには、亡くなったことを知った日から3ヶ月以内に、被相続人の住所地を所轄する家庭裁判所に申述書を提出しなければならない。
遺産分割協議・・・	被相続人の相続財産をどう分けるかということを相続人同士で協議すること。
特別受益・・・・・	相続人が被相続人から、遺贈や、生前に婚姻・養子縁組のためや生計の資本として贈与を受けた利益のこと。遺産分割協議においては、特別受益分を相続財産に加算して具体的な相続分を算定する。
代償分割・・・・・	相続人のうちの一人又は数人が遺産そのものを取得し、その取得した相続人が他の相続人に金銭でその者の相続分を支払う遺産分割の方法。
後見人・・・・・・	成年後見制度に基づき、判断（意思）能力が不十分な人の財産管理や身上監護の事務について、本人に代わって支援する者。成年後見制度には、家庭裁判所が後見人を選ぶ法定後見制度と、本人に十分な判断（意思）能力があるうちに自らで後見人を選ぶ任意後見制度がある。
特別代理人・・・・	親権を持つ父母とその未成年者の子と利益が相反する行為については、親権者は子の代理権や同意権を有しない。その子の代理権や同意権を行使するため、家庭裁判所がその子のために選任する者を代理人という。
弁護士・・・・・・	相続に係る法律問題全般について、適切な予防方法や紛争段階にある事項の解決策のアドバイスし、書類の作成や依頼者の代理人となれる。
税理士・・・・・・	相続税、贈与税に関し、申告等の代理、税務書類の作成、税務相談を行う。

司法書士・・・・・　不動産の相続による移転登記手続など、成年後見、遺言の作成支援を行う。

行政書士・・・・・　遺産分割協議書、遺言書などの書面を作成する。ただし、紛争段階におけるものについては、弁護士の業務となる。

相続診断士・・・・　相続で家族が揉めないで笑顔で相続を迎えるためのコーディネートを行う。

相続税の申告・・・　亡くなったことを知った日の翌日から10ヶ月以内に、被相続人の住所地を所轄する税務署に申告書を提出しなければならない。

相続税の基礎控除・　相続財産から控除することが認められる一定の控除額。
3,000万円＋600万円×法定相続人の数（平成27年1月1日より改正）

小規模宅地等の特例　相続又は遺贈により取得した宅地等で、その相続の直前において被相続人等の事業や居住の用に供されていたものについて、限度面積まで一定割合が相続税の課税価格から減額される制度。

配偶者の税額軽減・　配偶者が相続において取得した財産が、「課税価格の合計額×法定相続分」又は1億6,000万円までは、配偶者の相続税は軽減され課税が発生しないという制度。

笑顔相続のための
笑顔相続ノート練習帳
大切な人に贈るメッセージ

① 一番大切な人（複数可）は誰ですか？

② いつもの帰り道、あなたは事故にあって意識不明の重体です。
10秒だけ意識が戻るとしたら、一番大切な人にどんな言葉をかけますか？

15文字以内

③

一番大切な人の誕生日や結婚記念日など次のイベントの際に送るメッセージを書いて下さい。

100 文字以内

仕事や友人などの人間関係図を書いて下さい。

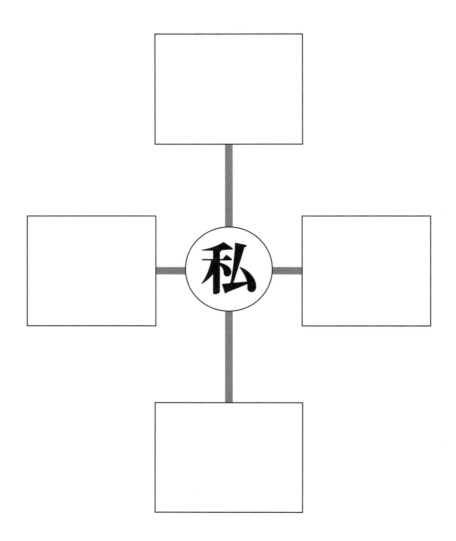

⑤ あなたの命はあと1年と余命宣告されました。
人間関係図の中でキーと思われる人に、メッセージを書いて下さい。

200 文字以内

⑥ あなたの命はあと 1 年と余命宣告されました。
1 年のうちにどうしてもやりたい事を 3 つ書いて下さい。

200 文字以内

相続診断チェックシート

12/1（月）日　笑顔相続の日
毎年エンディングノートを記入しましょう

| お名前 | | 様　年齢 | | 歳 |

ご住所 〒　　　　　　　　　　　　　　　　連絡先

下記項目で当てはまるものに ✓ を入れてください　　記入日　　年　　月　　日

☐	1	相続人に長い間連絡が取れない人がいる
☐	2	相続人の仲が悪い
☐	3	親の面倒を「見ている子ども」と「見ていない子ども」がいる
☐	4	上場していない会社の株式を持っている
☐	5	分けることが難しい不動産や株式がある
☐	6	財産は何があるのかよく分からない
☐	7	一部の子どもや孫にだけお金をあげている
☐	8	会社を継ぐ人が決まっていない
☐	9	先祖名義のままになっている土地がある
☐	10	家族名義で貯めているお金がある
☐	11	特定の相続人に多く財産を相続させたい
☐	12	再婚している
☐	13	配偶者や子ども以外の人に財産を渡したい
☐	14	連帯保証人になっている
☐	15	相続する人に「障がい」や「未成年」「認知」等の人がいる
☐	16	「借りている土地」や「貸している土地」がある
☐	17	相続人が「海外」や「遠い場所」にいる
☐	18	財産に不動産が多い
☐	19	借金が多い
☐	20	友人や知人にお金を貸している
☐	21	誰にも相談しないで作った遺言書がある
☐	22	相続税がかかるのかまったく分からない
☐	23	誰も使っていない不動産がある
☐	24	大きな保険金をもらう子どもや孫がいる
☐	25	子どもがいない
☐	26	なかなか入居者が決まらない古いアパートがある
☐	27	誰にも相続について相談したことがない
☐	28	子どもは皆自宅を持っている
☐	29	古い書画や骨董を集めるのが好きだ
☐	30	子どもが相続対策の相談に乗ってくれない

※入力していただいた個人情報は、ご本人の同意がない限り第三者には提供いたしません。

無断転載・複製を禁ず

一般社団法人 相続診断協会　取扱相続診断士：

相続診断結果シート

12/1 笑顔相続の日
毎年エンディングノートを記入しましょう

相続　花子　様

作　成　日：　2023年11月01日
取扱相続診断士：　123456 笑顔　太郎

チェックシート内容

- ☐ 1 相続人に長い間連絡が取れない人がいる
- ☐ 2 相続人の仲が悪い
- ✗ 3 親の面倒を「見ている子ども」と「見ていない子ども」がいる
- ☐ 4 上場していない会社の株式を持っている
- ✗ 5 分けることが難しい不動産や株式がある
- ☐ 6 財産は何があるのかよく分からない
- ☐ 7 一部の子どもや孫にだけお金をあげている
- ☐ 8 会社を継ぐ人が決まっていない
- ☐ 9 先祖名義のままになっている土地がある
- ✗ 10 家族名義で貯めているお金がある
- ☐ 11 特定の相続人に多く財産を相続させたい
- ☐ 12 再婚している
- ☐ 13 配偶者や子ども以外の人に財産を渡したい
- ☐ 14 連帯保証人になっている
- ☐ 15 相続する人に「障がい」や「未成年」「認知」等の人がいる
- ✗ 16 「借りている土地」や「貸している土地」がある
- ✗ 17 相続人が「海外」や「遠い場所」にいる
- ☐ 18 財産に不動産が多い
- ☐ 19 借金が多い
- ☐ 20 友人や知人にお金を貸している
- ☐ 21 誰にも相談しないで作った遺言書がある
- ✗ 22 相続税がかかるのかまったく分からない
- ☐ 23 誰も使っていない不動産がある
- ✗ 24 大きな保険金をもらう子どもや孫がいる
- ✗ 25 子どもがいない
- ☐ 26 なかなか入居者が決まらない古いアパートがある
- ☐ 27 誰にも相続について相談したことがない
- ✗ 28 子どもは皆自宅を持っている
- ☐ 29 古い書画や骨董を集めるのが好きだ
- ☐ 30 子どもが相続対策の相談に乗ってくれない

あなた様の相続診断結果は

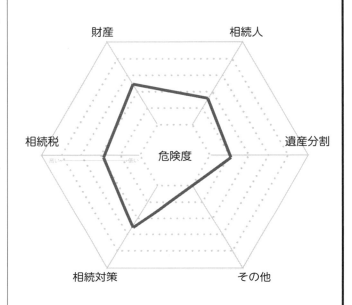

危険度ランクが 99* の方は加算点が 100 点を超えた場合に表示されます。

得点

- ●危険度ランク　**99***　点
- ●緊急度ランクA・Ⓑ・C・D・E
  高い　　　　→　　　低い

相続診断士より

1. 親の介護貢献度合いの解釈を巡り争族に発展する可能性があります。

2. 遺産分割の方法、配分等について話し合っておいた方が良いでしょう。

3. 相続財産の確定、税務調査での指摘等の懸念があります。早期に正しい姿へ戻しましょう。

4. 後々相続人が困らないよう、契約関係を整理し、相続人に分かるようにしておきましょう。

5. 相続手続きが煩雑になり、また遺産分割の話し合いが困難になる可能性があります。

6. 現状把握は相続対策の基本です。概算で構いませんので、一度試算することをお勧めします。

7. 不公平が争族を生む可能性がありますのでご注意下さい。

無断転載・複製を禁ず

一般社団法人 相続診断協会　　　取扱相続診断士：　123456 笑顔　太郎

■資料5 相続用語

積極財産	現金、預貯金、有価証券、土地、家屋といったプラスの財産のこと
消極財産	借金などの債務といったマイナス財産のこと
相続欠格	推定相続人が被相続人に対する背信的行為などの違法行為を行った場合、その制裁としてその行為者は当該相続について相続権を法律上当然に喪失すること
相続廃除	遺留分を有する推定相続人（相続が開始した場合に相続人となるべき者をいう。）が、被相続人に対して虐待をし、若しくはこれに重大な侮辱を加えたとき、又は推定相続人にその他の著しい非行があったとき、被相続人は、その推定相続人の廃除を家庭裁判所に請求することにより、相続権をなくすことができる。
代襲相続	代襲相続とは、相続人となるべき者が相続開始時に「以前死亡」、「相続欠格」、「相続廃除」によって相続権を失っているときにおいて、その者の子等（直系卑属や傍系卑属）がその者の代わりに同順位で相続人になることをいう。
指定相続分	被相続人は、遺言で共同相続人の相続分を定め、又はこれを定めることを第三者に委託することができる。ただし、被相続人又は第三者は、遺留分に関する規定に違反することができない。
法定相続分	法定相続分とは、民法が定める相続分のことをいう。遺言による指定相続分がない場合は法定相続分によることになる。
嫡出子	婚姻関係のある男女間において懐胎した子
非嫡出子	婚姻関係にない男女間において生まれた子
特別受益	共同相続人中に、被相続人から遺贈を受け、又は婚姻、若しくは養子縁組のため、若しくは生計の資本として贈与を受けた者があるときは、被相続人が相続開始の時において有した財産の価額にその贈与の価額を加えたものを相続財産とみなし、法定相続分、又は指定相続分の規定によって算出した相続分の中からその遺贈又は贈与の価額を控除した残額をもって、その相続分とする。
寄与分	共同相続人中に、被相続人の事業に関する労務の提供又は財産上の給付、被相続人の療養看護その他の方法により被相続人の財産の維持又は増加について特別の寄与をした者があるときは、被相続人が相続開始の時において有した財産の価額から共同相続人の協議で定めたその者の寄与分を控除したものを相続財産とみなし、法定相続分、又は指定相続分の規定により算定した相続分に寄与分を加えた額をもってその相続分とする。
単純承認	無限に被相続人の権利義務を承継すること。
限定承認	相続によって得た財産の限度においてのみ被相続人の債務及び遺贈を弁済すべきことを留保して、相続の承認をすること。
相続放棄	相続放棄をした者は、その相続に関して初めから相続人でなかったものとみなされる。

遺贈	遺贈とは、遺言により相続人以外の人に財産の全部又は一部を与えること。
現物分割	個別財産について相続する数量、金額、割合を定めて分割する方法のこと。
換価分割	共同相続人が相続する財産の一部又は全部を金銭に換価し、その代金を分割する方法のこと。
代償分割	代償分割とは、共同相続人のうち特定の相続人が現物財産の一部又は全部を取得し、その代償（債務）としてその者が自己の固有財産を他の相続人に支払うことにより分割する方法のこと。
配偶者の税額軽減	配偶者の課税価格が「課税価格の合計額×法定相続分」までの場合は、配偶者には相続税が課税されない。また、法定相続分に関係なく、配偶者の課税価格が1億6,000万円までの場合は、配偶者には相続税が課税されない。
贈与税の配偶者控除	一定の要件のもとに、配偶者から居住用不動産又は居住用不動産の購入資金を贈与された場合に、贈与税の課税価格から、最高2,000万円を控除できる制度。
相続時精算課税制度	贈与者が60歳以上の親又は祖父母、受贈者が20歳以上の子又は20歳以上の孫である推定相続人（代襲相続人を含む）に贈与をした場合、2,500万円の特別控除を受けられこの控除額を超えた場合一律20％の税率で贈与税を算出する。そして、この親に相続が発生した場合、本制度を利用した贈与財産を相続財産に加算して相続税を計算し、最後に過去に納税した贈与税額と精算する制度。（平成27年1月1日より改正）
相続税の基礎控除	3,000万円＋600万円×法定相続人の数（平成27年1月1日より改正）
路線価	毎年7月上旬に国税庁より公表され、同年1月1日時点での路線（不特定多数が通行する道路）に面する宅地1㎡当たりの土地評価額。
貸家建付地	アパートやマンションなどの貸家が建て付けられている宅地

【編　者】

一般社団法人　相続診断協会

　日本から「争族」をなくし、「笑顔相続」を広めることが「相続診断士」のミッションです。笑顔相続を広めるためには、生前に想いを残し伝えることが大切であると考え、その有効な方法としてエンディングノートの作成を推奨しています。

　相続診断士の役割は、相談者に寄り添い、想いを聞き、問題点を明確にすることです。節税対策や遺産分割対策・遺言書の作成などは、税理士・弁護士・司法書士・行政書士などの士業と連携をして、最適なソリューションを提供します。

　相続診断協会は、相続診断士とともに「想いを残す文化を創ります」。

住　所　東京都中央区日本橋人形町2－14－3
　　　　人形町 ACT ビル3階
URL　https://souzokushindan.com/
設　立　平成23年12月1日
資格取得者　47,104人（令和5年9月現在）
代表理事　小川　実

スッキリ分かる！
シン・生前贈与のすべて　　　　　令和 5 年 12 月 10 日　初版発行

検印省略

日本法令®

〒 101 - 0032
東京都千代田区岩本町 1 丁目 2 番 19 号
https://www.horei.co.jp/

編　　　者	一般社団法人 相続診断協会
発 行 者	青　木　鉱　太
編 集 者	岩　倉　春　光
印刷・製本	日 本 ハ イ コ ム

（営　業）	TEL　03-6858 - 6967	E メール　syuppan@horei.co.jp
（通　販）	TEL　03-6858 - 6966	E メール　book.order@horei.co.jp
（編　集）	FAX　03-6858 - 6957	E メール　tankoubon@horei.co.jp

（オンラインショップ）　https://www.horei.co.jp/iec/
（お 詫 び と 訂 正）　https://www.horei.co.jp/book/owabi.shtml
（書籍の追加情報）　https://www.horei.co.jp/book/osirasebook.shtml

※万一、本書の内容に誤記等が判明した場合には、上記「お詫びと訂正」に最新情報を掲載し
ております。ホームページに掲載されていない内容につきましては、FAX または E メール
で編集までお問合せください。